Premiere Collection

唐代の皇太子制度

千田 豊 著

京都大学学術出版会

京都からの発信

京都大学には、戦前の西田哲学に始まり、史学、文学、経済学、民俗学、生態学、人類学から精神医学にまで及ぶ極めて広汎な人文・社会科学の領域で、独創的な研究が展開されてきた長い歴史があります。今日では広く京都学派と呼ばれるこの潮流の特徴は、極めて強烈で独創的な個性と強力な発信力であり、これによって時代に大きなインパクトを与えてきました。

今、全世界が新型コロナ感染症パンデミックの洗礼を受けていますが、この厄災は人々の健康と生命を脅かしているのみならず、その思考や行動様式にも大きな影響を与えずにはおきません。時代はまさに、新しい人文・社会科学からの指針を求めているといえるのではないでしょうか。世界では、イスラエルの歴史家ユヴァール・ノア・ハラリやドイツの哲学者マルクス・ガブリエルなどの若い思想家達が、この状況に向けて積極的な発信を続けています。

プリミエ・コレクションは、若い研究者が渾身の思いでまとめた研究や思索の成果を広く発信するための支援を目的として始められたもので、このモノグラフの出版を介して、彼らに文字通り舞台へのデビュー（プリミエ）の機会を提供するものです。

京都大学は指定国立大学法人の指定に当たって、人文学と社会科学の積極的な社会への発信を大きなミッションの一つに掲げています。このコレクションでデビューした若手研究者から、思想と学術の世界に新しい個性的なスターが生まれ、再び京都から世界に向けてインパクトのある発信がもたらされることを、心から期待しています。

第27代　京都大学総長　湊　長博

目次

序論……1
はじめに　3
第一節　中国における皇太子制度について　4
第二節　皇太子に関する従来の研究　7
第三節　本書の課題と構成　10
第一章　西晋における太子師傅——皇太子の守り役の役割……15
はじめに　17
第一節　武帝・恵帝による太子師傅の充実　21
一　東宮の整備と太子師傅の兼官　21
二　恵帝の即位と太子六傅　24
第二節　皇太子司馬衷の太子師傅　26
一　太子師傅就任者の名声と実権　26
二　太子師傅就任の政治的背景　29
第三節　皇太子司馬遹の太子六傅　34
おわりに　39

第二章　釈奠と歯冑の礼――資質の顕示としての皇太子儀礼……45
はじめに　47
第一節　釈奠礼の系譜――魏晋から唐まで　49
一　魏晋南朝における釈奠　49
二　北朝における釈奠　53
三　唐における釈奠　56
第二節　『大唐開元礼』にみえる釈奠　59
第三節　釈奠と歯冑の礼　64
一　歯冑の礼　64
二　唐における歯冑と釈奠　69
おわりに　75
第三章　唐代における皇太子号と皇帝号の追贈――功績重視の皇太子位……81
はじめに　83
第一節　高宗・玄宗による皇帝号・皇太子号の追贈　86
一　高宗による皇帝号の追贈　86
二　玄宗による皇太子号・皇帝号の追贈　88
第二節　粛宗・代宗・徳宗による皇太子号・皇帝号の追贈　94
一　粛宗による追贈　94
二　代宗による追贈　97
三　徳宗による追贈　101
第三節　皇太子号・皇帝号以外の追贈　103

一　正第一品の官爵の追贈　103
二　皇太子位の官爵化　106
おわりに　109
第四章　唐代における太子廟――皇帝の資質と「孝」と「悌」……113
はじめに　115
第一節　太子廟祭祀の発議と停止　116
一　四太子と太子廟祭祀　116
二　子孫による祭祀と国家による祭祀　120
三　粛宗による四時享献の停止　122
第二節　太子廟祭祀の再開と新たな太子廟　124
一　徳宗による太子廟祭祀の再開　124
二　憲宗による官僚の削減と皇太子の薨去　125
三　宝暦年間の決定とその後　127
第三節　文宗による追贈と太子廟祭祀　131
一　皇太子号の追贈と皇太子の薨去　131
二　文宗による太子廟祭祀　133
三　太子廟祭祀のその後　134
第四節　皇帝の兄弟と太子廟祭祀　137
一　別廟としての太子廟　137
二　皇帝の資質としての孝悌　140
おわりに　143

第五章　唐代の皇太子監国——皇位継承からみた……149
はじめに　151
第一節　隋以前の太子監国について　152
一　南朝における太子監国　152
劉宋　152／南斉　154／南梁　155
二　北朝における太子監国　156
北魏　156／北斉　158／北周　159／隋　160
第二節　唐代における太子監国について　161
第三節　皇位継承における太子監国と勾当　164
一　皇位継承と太子監国　164
二　勾当軍国政事の出現　168
おわりに　176
結　論……181
主な引用史料一覧　191
あとがき　193
中文概要　200
索引（人名—事項）

序論

はじめに

二〇一九年四月、天皇陛下は退位し、その後を継ぎ、皇太子殿下が即位することとなった。それにともない、新天皇の弟である秋篠宮殿下が皇嗣《こうし》とされることになり、二〇二〇年四月に立皇嗣の礼がおこなわれる予定であった。しかし、新型コロナウイルスの影響により、立皇嗣の礼は延期され、二〇二〇年十一月八日に改めて立皇嗣の礼がおこなわれた。一般的に皇太子には天皇の嫡子が立てられるのであるが、現天皇には男子がいないことから、その弟の秋篠宮殿下が後継者として皇嗣とされたのである。だが、天皇には娘である愛子内親王殿下、一方で秋篠宮殿下には長子の悠仁親王殿下がおることから、女性天皇への言及なども含めて、昨今、後継者への関心が高まっているといえる。

このように後継者問題が将来大きな議論になることはつゆ知らず、十年ほど前学部生だった私は卒業論文執筆のため、研究テーマを探していた。その当時、たまたま大庭脩氏の『秦漢法制史の研究』を読み、そこで「詹事」という官職があることを知った。そこには、「詹事は皇后・皇太子家に関する事務を取扱い」[1]とだけ書かれていた。中央政府の官職について事細かく記述していた大庭氏が、この一文だけの説明しかしていないことに興味を持った。そこから東宮官全体へと関心が移り、東宮官から皇太子そのものを研究するようになっていった。博士後期課程となり、皇太子の研究に行き詰まるようになっていくなかで、一度前漢から唐までの皇太子全てを調べようと思い至った。そこで、他の時代と異なり、唐代では非常に多くの皇太子の列伝があることに気づいたのである。さらに、唐代では後継者を示す称号として、皇帝の叔父が後継者となる「皇太叔」

や、女性の後継者を意味する「皇太女」という称号も見られる。(2) そして、今般、秋篠宮殿下に用いられた皇嗣という称号も、唐代が出典である。『旧唐書』巻六、則天皇后紀には、

（載初元〔六八九〕年九月）乙酉、尊号を加えて聖神皇帝と曰い、皇帝を降して皇嗣と為す。

乙酉、加尊號曰聖神皇帝、降皇帝爲皇嗣。

とあり、則天武后が聖神皇帝となり、もともと皇帝であった中宗を皇嗣としている。以上のことからもみてとれるように、長きにわたる中国史の中で、特に後継者としての地位が変動するのが、唐代なのである。

二〇一九年の天皇退位によって、戦後日本の天皇制が大きく変化していることは言うまでもなく、皇嗣である秋篠宮殿下の天皇即位以後の後継者問題も、まだまだ議論が出てくるように考えられるが、後継者、つまり皇太子に着目して議論しているものは少ない。本書で中国における皇太子制度の一端を明らかにすることによって、現代の天皇制の後継者問題に対しても何らかの手がかりとなることを期待したい。

まず本章においては、中国前近代の皇太子制度について、日本の皇太子制度にも触れつつ、中国の皇太子制度の特色について考えてみたい。そして中国の皇太子制度が、唐代において大きく変化したことを確認し、その変化がいつ頃から見られるようになっていったのかについても、検討していきたい。

第一節　中国における皇太子制度について

中国では、秦の始皇帝から清の滅亡まで、皇帝が中国の最高権力者としてありつづけた。そしてその皇帝制

度と共にあったのが、皇太子である。この皇太子の意義について、端的に述べたのが、後漢にまとめられた『白虎通徳論』である。『白虎通徳論』巻三、封公侯には「国在りて太子を立つるは、簒弑を防ぎ、臣子の乱を圧うるなり（國在立太子者、防簒弑、壓臣子之亂也）」とあり、皇太子は簒奪や家臣の反乱を防ぐために立てられるものであった。そのため、皇太子は一般的に皇帝が即位するとまもなく立太子され、皇帝不在時には代理で政治をおこなう監国がおこなわれる。さらに皇太子は次期皇帝と目されるため、皇太子の師として太子師傅がつけられ、国を治めるための教育が施される。また身の回りの世話や側近の役割を担う東宮官も置かれることになる。これらは言うまでもなく、他の皇子と比べても別格の待遇であり、皇帝制度における皇太子の重要性が見てとれるのである。

一方、日本では、そもそも天皇の後継者（皇太子）とはどのような存在であったのだろうか。[3]日本では聖徳太子という有名な太子が存在するため、早くから皇太子に関する研究がなされていたようであるが、[4]日本で皇太子制度が確立するのは、奈良時代頃であった。[5]これはちょうど中国では魏晋南北朝から唐の時代で、日本の皇太子制度は中国の影響を受けていると考えられる。しかし、日本では皇位継承に関する混乱が頻繁に起こった結果、天皇が後継者に譲位するという太上天皇が誕生するようになっていった。[6]譲位をする理由の一つに、先に天皇位を後継者に譲ることで、継承者問題を起きないようにするというものがあるが、これによって皇太子の存在は、日本においてますます薄くなっていった。したがって、日本における皇太子研究は古代に集中することとなり、中世以降の皇太子研究は日本史においてもあまり見られないのである。しかしながら現在日本には、「皇太子」という称号が事実存在しており、それ故に中国における皇太子制度は、現在でも天皇制を取る日本にとって、重要な研究対象なのである。

日本の皇太子は、太上天皇の存在によってその存在意義を希薄にしてしまったわけであるが、中国の皇太子も常に安定した地位を確保できたわけでもない。例えば、前漢の武帝のときである。武帝には劉拠という皇太子がいた。この皇太子は、武帝が寵愛する江充との仲が悪かった。あるとき武帝が行幸先で病気になったおり、江充は武帝の崩御後に皇太子劉拠に殺されてしまうことを恐れ、この度の武帝の病気が皇太子の呪いによって引き起こされていると讒言し、それを信じた武帝は皇太子の劉拠を殺害してしまったのである(7)。また、西晋のときには、愍懐《びんかい》太子の例がある。

愍懐太子は西晋の恵帝の皇太子であった。愍懐太子は恵帝の妻たる賈皇后に嫌われており、賈皇后は彼を廃立したいと考えていた。ある日、賈皇后は愍懐太子を呼び寄せ、酒を飲ませて酩酊させ、愍懐太子に反乱をほのめかす文章を書かせた。そしてそれを証拠に愍懐太子を殺害してしまったのである(8)。さらに、唐代における皇位継承に関する問題といえば、玄武門の変がある。

高祖李淵は唐朝を建てると、長子李建成を立太子した。天下はまだ安定しておらず、皇帝は都をあけることが多く、それに伴い李建成も都の留守を預かることが多かった。それに比べ、次男の李世民は国内の平定に大いに戦果をあげ、ここにおいて皇太子李建成と次男李世民の争いが起こり、李淵の優柔不断な性格も相俟って次第に対立は激化していき、最終的には李世民が、皇太子の李建成と弟の李元吉を殺害するという最悪な結末を招く。これが玄武門の変である。乱後、李世民は皇太子となり、まもなく李淵から皇帝位を譲位され、皇帝に即位することとなる。

ほとんど強制的であったとはいえ、唐代では初代皇帝であった李淵から、太宗李世民の継承においてすでに譲位がみられる。これ以後、唐朝において譲位は当たり前のようにみられるようになる。さらに玄武門の変後、まもなく中国史上初の女帝則天武后が即位している。唐代では、最初に玄武門の変があり、女帝則天武后の登場、頻繁な譲位、皇太女・皇太叔の出現など、中国史の皇位継承においてこれまでなかった多様な継承がしばしば起こっている。唐代では、皇位継承に関してなぜこれほどまで新展開が見られたのだろうか。秦漢時代に形成されていった皇太子制度は、魏晋南北朝時代という過渡期を経てどのように変化していったのか。皇帝制度とともにあった皇太子自体の解明により、いままで検討されなかった観点から皇帝制度についても考察できると考える。

第二節　皇太子に関する従来の研究

皇太子制度に関する議論に入る前に、まず皇太子に関連する研究についてまとめておきたい。皇太子という語は史料上で一般的に使われるようになるのは前漢であり、また前漢は皇太子が立てられ、その皇太子がそのまま皇帝になるという順当な皇位継承が多く見られた時代であった。よって皇太子に関する研究の多くは前漢から始まるといってよい。

日本国内において、中国史における皇太子への関心は、皇位継承、つまり即位儀礼から次第に起こってくる。一九七五年に、西嶋定生氏は「漢代における即位儀礼」を発表した。西嶋氏は、漢代の即位儀礼について、皇太子はまず柩前において天子に即位し、続いて皇帝に即位していることを見出し、天子即位と皇帝即位が別個の即位儀礼であったと述べ、「漢代において皇帝と天子とは同一人である君主の称号でありながらも、その性格と機能とは相違するもの(9)」であると考えた。

この西嶋氏の考えをさらに推し進めたのが尾形勇氏である。尾形氏は、中国の即位儀礼について、唐代では「二つの即位式」、すなわち、大明宮の殯所における凶礼としての「柩前即位」と、宮城の太極殿東序における嘉礼としての「冊（冊命）・宝（璽ないしは璽授）」の伝達を内容とする即位があったと述べ、そしてそれは決して唐代特有のものではなく、漢ないしは周代以来の伝統に沿ったものであったとする。漢代については、西嶋氏の考察から「天子即位」と「皇帝即位」の分別があったことを言及し、さらに周代においても『尚書』の記載から、「天子」→「王」の順序で即位していることがわかるのであり、したがって、周代以降唐に至るまで、即位儀礼には二次にわたる両種の式があったと結論づけるのである。また、尾形氏は伝位だけでなく、「易姓革命」の際の「禅譲」の場合にも、「皇帝即位（璽授）」→「天子即位（告天）」という二段階両種のものとして整理できると述べている(10)。

西嶋・尾形両氏の「天子」・「皇帝」二種の即位儀礼があったという意見に対し、疑問を呈したのは金子修一氏・松浦千春氏らである。氏らはそれぞれの考察のなかで、唐代までの即位儀礼は、「皇帝即位」と「天子即位」があったわけではなく、皇帝即位だけであったと結論づけた(11)。その考察のなかで、特に皇太子を中心に考察をおこなったのが、松浦千春氏である。このように、日本における中国の皇太子研究は、即位儀礼研究から起こったといえる。松浦千春氏は、「漢より唐に至る帝位継承と皇太子」において、皇帝が天帝に「臣」従しつつ「子」としてそれを模倣し得たように、皇太子は皇帝に「臣」従しつつも、唯一の意味で皇太子は父子関係と君臣関係との結節点であると述べた(12)。この論稿に続いて、松浦氏は次々と皇太子に関する研究を発表している。氏は魏晋南朝においておこなわれた釈奠儀礼を取り上げ、釈奠が「帝位継承課程の通過儀礼」として認識されており、皇帝・皇太子の帝権を担うに足る人格の完成を表示したとする(13)。この論考の中で、松浦氏は南朝の皇位継承について、「皇族自身が危険な存在であるからこそ、（中略）望みうる限りの〈血の正当性〉の所有者である〈嫡長子＝皇太子〉を確保することに意を注いだ(14)」ことを述べている。

松浦氏とは別に、唐末から五代十国、北宋の儲貳《ちょじ》（皇太子）問題について考察したのが、熊本崇氏であった(15)。

熊本氏は、唐の宣宗・後唐の明宗・北宋の太宗らが儲貳という存在に対して消極的であったとし、唐後半期から、儲貳の東宮官設置に伴う二重権力の出現―皇帝権力の相対化―を拒絶する考えを当時の皇帝が持っていたことを指摘した。

この松浦氏と熊本氏の研究をうけ、皇太子のおかれた社会的状況や政治的特質という点について考察を加えたのが、岡部毅史氏である。岡部氏は南朝の皇位継承に関する事件を取り上げ、南朝における皇太子の位置づけについて考察した。それによって、南朝の皇太子の在位期間が、南朝において比較的平和であったと認識される時期に相当していることから、南朝における皇帝権力の安定が、少なくとも政策決定という面においては、有能な皇太子の存在があってはじめて可能であったとみる。そして、当該時期の皇帝と皇太子の関係を「父と子による皇帝家支配」と定義するのである[16]。その後も岡部氏は、六朝建康における建造物としての東宮の考察から、東宮の位置と形態にも、皇太子の存在と同様に、その時代における理念と現実の軋轢が反映されることを明らかにした[17]。さらに西晋の皇太弟についても言及し、そこで西晋期における皇太弟について、「きわめて特殊な状況下で出現した突然変異的な「徒花」であり、あくまで便宜的な称号の一種だった」と結論づけている[18]。

また唐代の皇太子については佐藤和彦氏が基礎的な考察を行っている。氏は唐代における皇太子段階による謁廟に着目し、謁廟有資格者としての皇太子の位置について、儀礼的側面から捉えようとした。その結果、特に武宗以降、立太子は皇帝崩御の間際の発詔のみと形式的なものとなり、立太子儀礼を伴わないため、宗廟と皇太子の関係は絶たれているにもかかわらず、皇太子選定を遺詔に先立って行うのは、依然として帝位継承者としての皇太子位に重きが置かれていたと推測する[19]。

一方で、中国大陸においては、近年『中古儲君制度研究』が出版された[20]。張軍氏・龐駿氏は、『中古儲君制度研究』において、皇太子制度について多岐にわたって考察を行っている。氏らは中古、つまり魏晋南北朝隋唐時期の皇太子制度は過渡期で、様々な点において新しく制度が作られ、発展したことを述べている。特に皇太弟・皇太孫・皇太叔という語の出現は、皇位継承の資格が拡大したことを示しているとし、中古時期の皇太子制度研究の意義を明らかにした。

以上のように、皇太子は即位儀礼の研究から派生して言及されるようになったことから、皇太子そのものを取り上げて研究するようになったのはごく最近のことである。つまり、皇太子は次期皇帝という重要な位置づけにあるにもかかわらず、その研究はまだまだ希薄であるといえる。本書では、松浦氏・岡部氏の研究を受け継ぎつつ、特に唐代を中心として、皇太子位の変化とその位置づけについて考察していきたい。

第三節　本書の課題と構成

そもそも中国前近代にとって皇帝は、唯一無二の存在であったことは言うまでもない。皇太子とはその皇帝の子であるとともに、後継者であった。皇帝の存在が尊いものになればなるほど、皇太子の重要性は増すことになるし、その逆もまた同様である。皇帝や皇太子の存在が変化し始めたのは、西晋からである。西晋の皇帝となった司馬炎は、数多くいる名声ある士大夫らの代表に過ぎなかった(21)。これは漢代の皇帝像とは大きく異なる。したがって、皇太子の存在自体も変化せざるを得なかった。それを如実に表しているのが、皇太弟の出現である。八王の乱という混乱期であったとはいえ、わざわざ皇帝の弟を立太子することは、漢代ならあり得ないことである。それを可能にしたのは、これまでの皇太子観が大きく変化したことの証左であろう。

このような問題意識から、本書ではまず唐代ではなく、西晋の皇太子から言及していきたい。西晋の太子師傅と皇太子の関係について述べた後に、魏晋南北朝時代にわたって皇太子がおこなった儀礼に着目し、そして最終的には西晋から唐代にいたって、皇太子位がどのように変化し、確立していくのかについて解明していく。

本書の構成は以下の通りである。

第一章「西晋における太子師傅——皇太子の守り役の役割」では、これまであまり注目されてこなかった、東宮官のなかで最も位が高く、皇太子の教導を主におこなっていた太子師傅を取り上げる。太子師傅は、漢代において皇太子の教導を中心におこなっていたが、西晋では名誉職となった。それにもかかわらず、西晋の太子師傅の任官者数は最盛期となっている。この矛盾点から、中国における皇太子の位置づけが明確に変化していることを明らかにする。

第二章「釈奠と歯冑の礼——資質の顕示としての皇太子儀礼」では、魏晋南北朝隋唐を通じて皇太子によって頻繁におこなわれた釈奠に注目する。釈奠についてはこれまでも多くの研究があるが、皇太子の儀礼と関連づけて考察をしたのは、上述の松浦千春氏だけである。松浦氏は、魏晋南朝の釈奠を重点的に研究したが、それを唐まで視野を広げ、さらに唐代においてその釈奠のなかから歯冑という語が出現したことを踏まえ、魏晋から隋唐の皇太子の位置づけを明らかにする。

第三章「唐代における皇帝号と皇太子号の追贈——功績重視の皇太子位」では、唐代の皇太子号を中心に取り上げる。皇太子は本来後継者を示すために使われる称号である。しかし、唐代では、後継者とは関係のない皇子に対しても、その死後に皇太子号を贈っている。その原因を探ることで、唐代における皇太子位がどのように認識されていたかを明らかにする。

第四章「唐代における太子廟――皇帝の資質と「孝」と「悌」」では、第三章での皇太子号に伴った太子廟が興廃を繰り返して唐代末まで続いた意味を明らかにする。これまで皇帝の祖先を祀る太廟についての研究は多くなされてきた。しかし唐代では、それとは別に廟が多く作られている。いわゆる別廟のなかでも中心となったのが太子廟である。皇太子号の追贈に引き続き、太子廟を取り上げることで、第三章によって明らかとなった唐代の皇太子位が、皇帝権に及ぼした影響を考察する。

第五章「唐代の皇太子監国――皇位継承からみた」では、皇帝不在時に臨時的におこなわれる太子監国ではなく、皇位継承にみられる太子監国に着目する。皇太子監国は古くからおこなわれており、これについての研究はこれまで多くなされている。しかし唐代では、皇位継承の際に敢えて皇太子監国をおこなっている。そしてこの皇太子監国は次第に「監国」から「勾当」へと呼称が変化していくのである。この「監国」から「勾当」へと呼称が変化することから、後継者と百官との謁見の関係を踏まえつつ検討していく。

最後に、結論において各章の要旨を改めて整理し、唐代における皇太子の位置づけについて明らかにする。

注

（1）大庭脩『秦漢法制史の研究』（創文社、一九八二年）、三二一頁。

（2）『旧唐書』巻七、中宗紀。時安樂公主志欲皇后臨朝稱制、而求立爲皇太女、自是與后合謀進鴆。

『旧唐書』巻十八、武宗紀。（會昌六［八四六］年）三月壬寅、上不豫、制改御名炎。帝重方士、頗服食修攝、親受法籙。至是藥躁、喜怒失常、疾既篤、旬日不能言。宰相李德裕等請見、不許。中外莫知安否、人情危懼。是月二十三日、宣遺詔以皇太叔光王柩前卽位。是日崩、時年三十三。謚曰至道昭肅孝皇帝、廟號武宗、其年八月、葬于端陵、德妃王氏祔焉。

（3）後継者問題は世界中で起こっているため、日本だけにとどまらず、西洋とも比較したいところではあるが、西洋では、王政が確立するのは近世からで、国ごとの王政の様子も異なり、また後継者は異なる国にまたがることも多く、西洋の後継者（王太子）と中国の皇太子を比較することは簡単にはできないため、ここでは言及しない。
（4）家永三郎「飛鳥朝に於ける摂政政治の本質――聖徳太子摂政の史的意義」（『社会経済史学』八―六、一九三八年）。
（5）荒本敏夫『日本古代の皇太子』（吉川弘文館、一九八五年）。
（6）春名宏昭「太上天皇制の成立」（『史学雑誌』九九―二、一九九〇年）。
（7）『漢書』巻六三、戻太子拠伝参照。
（8）『晋書』巻五三、愍懐太子遹伝参照。
（9）西嶋定生「漢代における即位儀礼――とくに帝位継承のばあいについて」（一九七五年初出。『中国古代国家と東アジア世界』東京大学出版会、一九八三年所収）。
（10）尾形勇「中国の即位儀礼」（東アジアにおける日本古代講座九『東アジアにおける儀礼と国家』学生社、一九八二年）。
（11）金子修一『中国古代皇帝祭祀の研究』（岩波書店、二〇〇六年）。
（12）松浦千春「漢より唐に至る帝位継承と皇太子――謁廟の礼を中心に」（『歴史』八〇、一九九三年）。
（13）松浦千春「魏晋南朝の帝位継承と釈奠儀礼」（『東北大学東洋史論集』九、二〇〇三年）。
（14）松浦氏前掲論文、一八〇頁。
（15）熊本崇「唐宋儲貳問題初探」（『中国文人の思考と表現』汲古書院、二〇〇〇年所収）。
（16）岡部毅史「梁簡文帝立太子前夜――南朝皇太子の歴史的位置に関する一考察」（『史学雑誌』一一八―一、二〇〇九年）。
（17）岡部毅史「六朝建康東宮攷」（『東洋史研究』七二―一、二〇一三年）。
（18）岡部毅史「西晋皇太弟初探」（『東方学』一二九、二〇一五年）。
（19）佐藤和彦「唐皇太子考――皇太子冊立儀礼をてがかりに」（『東洋史論集』一八、二〇〇八年）。
（20）張軍・龐駿『中古儲君制度研究』（民族出版社、二〇一五年）。
（21）安田二郎『六朝政治史の研究』（京都大学学術出版会、二〇〇三年）。

第一章　西晋における太子師傅

――皇太子の守り役の役割

はじめに

次代の皇帝たる皇太子を後継者として早くから決める理由の一つに、皇太子教育がある。次期執政者としての教育を幼い時から受け、立派な皇帝となるためである。その皇太子を教え導くのが太子太傅・少傅などの太子師傅職である。『礼記』文王世子には、

大傅少傅を立てて以て之を養うは、其れ父子君臣の道を知らしめんと欲すればなり。大傅は父子君臣の道を審らかにして以て之を示し、少傅は世子を奉じて以て大傅の徳行を観しめ、而して審らかに之を喩す。大傅は前に在り、少傅は後に在り、入れば則ち保有り、出づれば則ち師有り。是を以て教え喩して徳成るなり。

立大傅少傅以養之、欲其知父子君臣之道也。大傅審父子君臣之道以示之、少傅奉世子以觀大傅之德行、而審喩之。大傅在前、少傅在後、入則有保、出則有師、是以教喩而德成也。

とあり、太傅は「父子君臣の道を審らかにして以て之に示し」、少傅は「世子を奉じて以て大傅の徳行を観しめ、而して審らかに之を喩す」という役割を担うものであった。太子太傅や太子少傅の具体的な役割については記載がほとんどなく、『宋書』にもこの『礼記』の文王世子が引用されていることから(1)、太子師傅の役割は『礼記』の記載に基づいていると思われる。また、太子師傅は東宮官のなかで最も位の高い官職であった(2)。

前漢では、立太子されると太子太傅・少傅の二傅が置かれ、皇太子の教導がおこなわれていた。齊藤幸子氏

によれば、この前漢の太子二傅は、「立太子時に任命され、太子の教導と太子官属の統率を掌」っており、「離官後は、大半が父帝の命により丞相等三公クラスに至り、太子太傅・少傅経験者が極めて高い割合で前漢の政治に深く関わっていた[3]」とする。

後漢になり、次第に皇后や宦官が権力を握るようになると、皇太子は政権争いに巻き込まれて廃立されたり、そもそも立太子自体がおこなわれなくなっていく。その中で、太子二傅の存在も重視されなくなっていった。同じく齊藤幸子氏は後漢の太子二傅について、章帝期以降「二傅による教導は実質行われていない状態であった[4]」と述べている。

後漢が滅亡し、曹魏が成立した後も太子二傅が置かれることはなかった。魏では立太子されることがあっても、それは皇帝の崩御直前のことであり、太子二傅どころか東宮官すら置かれない状況が続いていた。しかし西晋になると、その状況は一変することになる。『晋書』巻四一、李憙伝には、

（泰始元［二六五］年）其の年、皇太子立ち、（李）憙を以て太子太傅と為す。魏の明帝より以後、久しく東宮を曠《むな》しくし、制度廃闕し、官司具わらず。詹事・左右率・庶子・中舎人の諸官は並びに未だ置かず、唯だ衛率令のみを置き兵を典らしめ、二傅は幷せて衆事を摂む。憙　位に在ること累年、訓導規を尽くす。

其年、皇太子立、以憙爲太子太傅。自魏明帝以後、久曠東宮、制度廢闕、官司不具。詹事・左右率・庶子・中舎人諸官並未置、唯置衞率令典兵、二傅幷攝衆事。憙在位累年、訓道盡規。

とあり、曹魏の明帝以後、廃れていた東宮制度が、武帝司馬炎による司馬衷（後の恵帝）の立太子によって整備されていることがわかる。

それによって当然両漢と同様に、太子太傅・少傅の二傅が置かれるのであるが、特筆すべきはその任官者の数にある。西晋の最初の皇太子である司馬衷は二十四年間で十三人がかわるがわる太子太傅・少傅に就任しており、また太子太保という新しい師傅職も出現している。師傅職の就官者の数が前漢と比べて非常に多いのである。(5) さらに、恵帝即位後に立太子された愍懐太子に対しては、これまでの太子太傅・少傅だけでなく、同じく師傅として太子太師・少師、太子少保も追加して置かれることになった。つまり、愍懐太子の時には、太子師傅職に、太傅・太師・太保の三太、少傅・少師・少保の三少の六人が就任していたのである。このように、曹魏や、それ以前の漢代と比べても大きな変化が起こった西晋の東宮制度については、近年注目されている。(6) 特に前漢から南朝までの長い期間から東宮官としての太子師傅の変化を整理したのが、劉雅君氏である。氏は前漢において太子師傅制度が完成し、西晋恵帝期に最盛期となるが、その後は漢魏時代に戻り、南朝の模範になったとする。また西晋において皇太子と太子師傅が「二傅不臣拝」、つまり皇太子の師たる二傅は東宮官にもかかわらず、皇太子に対して臣として拝さないという礼儀関係となったことから、太子師傅の地位が向上したことを述べている。(7) 太子師傅制度が西晋において最盛期となったのは、その任官者の数や官職が増えたことからも見て取れる。しかし、これまで設置されていなかった太子師傅が、西晋になって突然最盛期となった理由については言及されていない。

この太子師傅の充実や東宮の拡大について、初めて考察したのが、安田二郎氏である。安田氏は、西晋の東宮制度の充実について、「皇太子衷の崇重を専らの眼目としたそのための具体的施策ほかならなかったことは明かである」とし、それが「武帝危篤に際して朝臣層が見せた衷無視・攸推戴の動きに強い危機感をいだいて武帝が打ち出した衷護持―攸抑黜策」であったと述べ、司馬炎の弟司馬攸《ゆう》と皇太子衷の後継問題と関連づけて考察している。(8) これは首肯できる見解ではあるが、安田氏も述べているように武帝が一時的に危篤状態となったのは咸寧二（二七六）年であり、東宮官の整備はそれ以前からすでに漸次進められている。また、太子師傅が最も充実するのは、武帝が崩御し、皇太子衷が恵帝として即位して、長子の司馬遹《いつ》（愍懐太子）が立太子された時である。以上のことからも、西晋の太子師傅の充実について、司馬攸・司馬衷の後継者問題以外にも原因があったと考えられる。

また太子師傅の充実について、外戚楊氏との繋がりの中で考察したのが、田中一輝氏である。氏は安田氏の研究を基礎に外戚楊氏と東宮の幹部級官属（太子太傅・少傅と太子詹事など）の関係を詳細に検討し、武帝の東宮拡大によって外戚楊氏が台頭するきっかけを得たことを述べている(9)。だが、氏の関心は外戚楊氏の台頭であるため、太子師傅の充実に関しては、安田氏同様、皇太子衷の擁護のためであり、皇太子衷の即位後の太子師傅に関しても、「愍懐太子崇重のため、「徳望」を必要としたに過ぎない(10)」と述べるにとどまる。

太子師傅が拡充したことについて、安田氏・田中氏は、両者ともに皇太子の崇重のためと述べているが、太子師傅はそもそも皇太子の教導を主に担当する官職であり、太子師傅の拡充と皇太子の崇重は直接結びついていないように思われる。なぜ太子師傅の拡充が、皇太子の崇重に繋がるのか。この疑問が西晋の皇太子について考察する上で、重要な観点であるように考えられるのである。

本章では、太子師傅職がなぜ西晋において拡充したのか、という点に着目し、晋代前後から中国の皇太子観が次第に変化していくことを明らかにする。

まず西晋の太子太傅・少傅などの師傅の官職がどのように整備され、最盛期となったのかを一瞥する。そして武帝期・恵帝期の太子師傅官職の就任者について整理し、どのような人物が太子師傅に就任しているかについて言及する。就任者の傾向から当時の皇太子に必要とされたものを考察し、それによって西晋の太子師傅の充実の背景を明らかにしたい。

第一節　武帝・恵帝による太子師傅の充実

本節では、武帝から恵帝までの太子師傅の充実について、順を追って見ていきたい。

一　東宮の整備と太子師傅の兼官

後の恵帝である司馬衷は泰始三（二六七）年に立太子された。司馬衷の立太子と同時に太子太傅と太子少傅が置かれている。最初に太子太傅となったのは、李憙である。先ほど魏以前に廃れていた東宮は、西晋において整備されたことを述べたが、これをおこなったのが李憙であった。李憙は司馬衷の立太子後、すぐに太子太傅に就任している。

李憙が東宮を整備し、二年ほどで尚書僕射に移ると、荀顗《ぎ》がその後を継いだ。『晋書』巻三九、荀顗伝に、

之に頃くして、又た詔して曰く、「侍中・太尉顗は、温恭にして忠允、至行にして純備たりて、博古たるも洽く聞き、耆艾たるも殆らず。其れ公を以て太子太傅を行し、侍中・太尉故の如し。」と。

頃之、又詔曰、「侍中・太尉顗、温恭忠允、至行純備、博古洽聞、耆艾不殆。其以公行太子太傅、侍中・太尉如故。」

とあり、荀顗は李憙と一部異なり、太子太傅を「行」していることがわかる。大庭脩氏は漢の「行」について、「漢において官吏の兼任を示す語には、守・行・録・領などがあ(11)り、「行官とは、某官事務取扱というべ

きもので[12]」あったと述べている。別の官職であるが、西晋でも『晋書』巻七七、褚裒《しゅう》伝に、

（褚）裒乃ち単馬もて許昌に至り、司空荀藩に見え、以て振威将軍と為り、梁国内史を行す。

裒乃單馬至許昌、見司空荀藩、以爲振威將軍、行梁國内史。

とあるように、官職を兼任していることがわかる。荀顗は、太子太傅を任命された際も、太尉はそのままであったので、「行太子太傅」とされたのである。

実際、西晋の太子師傅は他に官職を兼任するのが一般的であった。『晋書』巻二四、職官志に、

武帝後に儲副の体尊きを以て、遂に諸公に命じて之に居らしむ。本位重きを以て、故に或いは行し或いは領す。時に侍中任愷は、武帝の親敬する所にして、復た之を領せしむ。蓋し一時の制なり。

武帝後以儲副體尊、遂命諸公居之。以本位重、故或行或領。時侍中任愷、武帝所親敬、復使領之。蓋一時之制也。

とあり、太子師傅に就官する際は、本位の官を重視し、「行」や「領」[13]、つまり兼官することが記されている。このような太子師傅の兼官は西晋から始まり、それ以前の前漢や後漢ではみられない。西晋の武帝の時代に太子師傅となった者のほとんどが、別に本官を持ち、その本官を重んじるということは、太子を教導するという太子師傅の本来の役割は果たしていなかったと思われる。『晋書』巻四五、任愷伝に、

愷は賈充の人と為りを悪むや、久しく朝政を執らしむることを欲せず、毎に裁抑す。充 之を病むも、為す所を知らず。後承間に言えらく、愷は忠貞局正なれば、宜しく東宮に在りて、太子を護らしむべし、

と。帝之に従い、以て太子少傅と為すも、侍中は故の如し。

愷惡賈充之爲人也、不欲令久執朝政、毎裁抑焉。充病之、不知所爲。後承間言、愷忠貞局正、宜在東宮、使護太子。帝從之、以爲太子少傅、而侍中如故。

とあって、賈充は任愷を朝政から遠ざけるために、東宮にいるように薦め、それによって任愷は太子少傅を任じられている。しかし、侍中を本官として残し、太子少傅を兼官とすることで、朝政から遠ざけられることを防いでいる。このことは太子師傅以外に他の官職を兼官しなければ、朝政には預かれないことを示しており、太子師傅が名誉職であったことを証明している。

　さらに武帝期には、前述したように太子太傅・少傅以外の師傅も出現している。『晋書』巻四十、楊駿伝に、

便ち中書監華廙・令何劭を召し、帝の旨を口宣し遺詔を作らしめて、曰く、「(中略) 侍中・車騎将軍・行太子太保、領前将軍楊駿は、徳を経《つね》にし哲を履み、鑑識は明遠なり。二宮を毘翼し、忠粛は茂著たり。宜しく位を上台に正し、跡を阿衡に擬うべし。其れ駿を以て太尉・太子太傅・仮節・都督中外諸軍事と為し、侍中・録尚書・領前将軍故の如し。(後略)」と。

便召中書監華廙・令何劭、口宣帝旨使作遺詔、曰、「(中略) 侍中・車騎將軍・行太子太保、領前將軍楊駿、經德履喆、鑒識明遠。毗翼二宮、忠肅茂著。宜正位上臺、擬跡阿衡。其以駿爲太尉・太子太傅・假節・都督中外諸軍事、侍中・錄尚書・領前將軍如故。(後略)。」

とあり、外戚の楊駿は武帝の崩御直前に、太子太保から太子太傅に移っていることがわかる。楊駿がいつ太子太保に就任したのかは不明であるが、武帝在位において太子太保がすでに存在していたことは確実である。したがって、武帝が即位し、司馬衷が立太子してから、東宮は整備され、漢代と同じく太子太傅・少傅が置かれ

た。そしてさらに太子太傅・少傅の他に、新たに太子太保が置かれることになったことがわかる。前述した通り、太子師傅は兼官であり、他に本官をもつのが一般的であった。そして「本位重きを以て」とあるように、兼官である太子師傅よりも本官を重んじていたことから、太子師傅はほとんど名誉職であったため、いかなる役職の者でも問題なく任命することができたといえる。武帝期では太子太保という新たな師傅が置かれることになったが、恵帝が即位すると、太子師傅官の増加にさらに拍車がかかる。

二　恵帝の即位と太子六傅

武帝の崩御後、恵帝が即位するとまもなく、その長子である司馬遹が立太子された。この司馬遹の立太子によって、武帝期の太子太傅・太子少傅・太子太保という体制であった太子師傅は、さらに拡大することになる。『晋書』巻五二、愍懐太子伝には、以下のようにある。

恵帝即位し、立てて皇太子と為す。盛んに徳望を選び以て師傅と為す。何劭を以て太師と為し、王戎を太傅と為し、楊済を太保と為し、裴楷を少師と為し、張華を少傅と為し、和嶠を少保と為す。元康元（二九一）年、出でて東宮に就く。又詔して曰く、「遹尚お幼蒙たり。今東宮を出で、惟だ当に師傅の群賢の訓に頼るべきのみ。其れ左右に游処するに、宜しく正人共に周旋せしめ、能く相長益せん者を得べし。」と。是こに於いて太保衛瓘の息庭・司空泰の息略・太子太傅楊済の息毖・太子少師裴楷の息憲・太子少傅張華の息禕・尚書令華廙の息恒をして太子と游処せしめ、以て相輔導す。

惠帝卽位、立爲皇太子。盛選德望以爲師傅。以何劭爲太師、王戎爲太傅、楊濟爲太保、裴楷爲少師、張華爲少傅、和嶠爲少保。元康元年、出就東宮。又詔曰、「遹尚幼蒙、今出東宮、惟當賴師傅羣賢之訓。其游處左右、宜得正人使共周旋、能相長益者。」於是使太保衛瓘息庭・司空泰息略・太子太傅楊濟息毖・太子少師裴楷息憲・太子少傅張華息褘・尚書令華廙息恒與太子游處、以相輔導焉。

司馬遹が立太子すると、太子太傅・少傅と太子太保に加えて太子太師・少師、太子少保が置かれることになった。太子師傅が一度に六人も置かれたことは、これ以前も以後も見られず、異例の拡充であったことがうかがえる。さらにそれだけでなく、太子師傅や宗族、有力者の子を皇太子とともに居らせ、一緒になって輔導させている。これは太子賓友（客）と呼ばれる役職である。『通典』巻三十、太子賓客には、

晋の元康元（二九一）年、愍懐太子始めて東宮に之《ゆ》くに、恵帝詔して曰く、「（中略）各おの道義の門、不粛の訓有り。其れ五人をして更ごも往来して太子と数を習い、賓友を備えしむるなり。」と。其の時官に非ざると雖も、而れども之を東宮賓客と謂い、皆な文義の士を選び、以て儲皇に侍る。

晉元康元年、愍懷太子始之東宮、惠帝詔曰、「（中略）各道義之門、有不肅之訓。其令五人更往來與太子習數、備賓友也。」其時雖非官、而謂之東宮賓客、皆選文義之士、以侍儲皇。

とあり、「不粛の訓」や「賓友を備えしむる」と言われていることや、その役職名からも推察されるように、彼等は皇太子の学友という位置づけであったことがわかる。恵帝が即位し、立太子されると、これまでの太子二傅・太子太保から、太子三太・三少（太子太傅・太子太師・太子太保、太子少傅・太子少師・太子少保）と拡充し、太子賓友が置かれ、東宮官がさらに充実していったのである。

以上のように、西晋が成立し、立太子されると、すぐに太子師傅が置かれ東宮官が整備された。また太子師傅は一般的に別に他の官職を備え、太子を教導するという太子師傅の本来の役割は果たしておらず名誉職であったと考えられる。名誉職であったにもかかわらず太子師傅は充実し、西晋以前にはみられなかった太子太

保も置かれるようになり、そして恵帝即位後には、太子三太・三少が置かれ、太子師傅はこれまでに例をみない充実となるのである。

では、名誉職でその本来の役割である皇太子の教導をおこなっていないとすれば、太子師傅をここまで充実させることにどのような意義があったのか。

次節では、太子師傅に就官したそれぞれの人物から、太子師傅充実の背景について考察していきたい。

第二節　皇太子司馬衷の太子師傅

一　太子師傅就任者の名声と実権

上述のように初めて太子太傅となったのは李憙である。その後武帝期には、荀顗・斉王攸・汝南王亮・石鑑・楊駿が太子太傅に就官している。一方、太子少傅には、華表が初めて任命されてから、任愷《かい》・斉王攸・李胤・山濤《とう》・楊珧《よう》・衛瓘《かん》が就官している。まず、武帝期の太子太傅と太子少傅の就任者について表一・表二で整理した。

また、この他に太子太保に賈充と楊駿の二人が就官している。楊駿については前述しているが、楊駿の前には賈充が太子太保であった。

賈充は、平陽襄陵の人で、父は魏の豫州刺史、陽里亭侯であったが、若くして孤児となった。母丘倹・文欽・諸葛誕の反乱において功績をあげ、晋の元勲とされた。さらに、賈充の娘は賈南風で、恵帝の妻、つまり皇后である。彼は太尉・録尚書事とともに、行として太子太保を兼ねている。太子太保を兼官したのはおよ

表一　司馬衷の太子太傅就任者

番号	姓名	在任期間	就任年齢	皇太子の年齢	本官	名声の有無	出典
1	李憙	265～？	不明	9歳～？	無し	×	『晋書』巻四十
2	荀顗	268？～274	60歳以上	11歳～16歳	太尉・侍中・行太子太傅	○	『晋書』巻三九 『全上古三代秦漢三国六朝文』全晋文巻三
3	斉王攸	?~?	30歳頃	10代	侍中・太子太傅・（後に司空を兼ねる）	○	『晋書』巻三八
4	汝南王亮	282～？	不明	24歳～	太尉・録尚書事・領太子太傅・侍中	×	『晋書』巻三 『晋書』巻五九
5	石鑑	太康末	70代後半	20歳後半～30歳	司空・領太子太傅	×	『晋書』巻四四
6	楊駿	290	不明	32歳	太尉・太子太傅・仮節・都督中外諸軍事・侍中・録尚書・領前将軍	×	『晋書』巻四十

そ六十歳くらいと推測される(14)。その時、恵帝は十八歳であった。

以上が太子二傅・太子太保の就任者である。表の一・二をみると、まず、名声を得ている者が多いのがわかる。明確に名声について言及が見られるのが荀顗・斉王攸・華表・任愷・山濤・楊珧・衛瓘である。順に見ていこう。荀顗は、前朝の曹魏において活躍した荀彧の第六子で、「世に称せらる（見稱於世）」や「海内之を称す（海内稱之）」とある。斉王攸は、武帝の弟で景帝の養子となり、皇太子衷が不慧であることがわかり、それによって朝臣の多くは攸を支持したことから、攸に「朝望」(15)があったことがわかる。華表は名声のあった華歆の子であり、その苦節によって名を馳せ、司徒李胤や司隷王宏に称されている(16)。

表二　司馬衷の太子少傅就任者

番号	姓名	在任期間	就任年齢	皇太子の年齢	本官	名声の有無	出典
1	華表	泰始中	60代	9歳から10代	無し	○	『晋書』巻四四
2	任愷	泰始中	不明	10代	侍中・太子少傅	○	『晋書』巻四五
3	斉王攸	泰始中	20代後半	10代	鎮軍大将軍・加侍中・行太子少傅	○	『晋書』巻三八
4	李胤	咸寧初まで	不明	10代後半	太子少傅・領司隷校尉	×	『晋書』巻四四
5	山濤	咸寧初	70歳頃	10代後半	太子少傅・散騎常侍・尚書僕射・侍中・領吏部	○	『晋書』巻四三
6	楊珧	[17]282	不明	24歳	太子少傅	○	『晋書』巻四十
7	衛瓘	太康年間	60代	20代	司空・侍中・尚書令・太子少傅	○	『晋書』巻三六

任愷は、「甚だ朝野に称誉を得（甚得朝野稱譽）」とあり、山濤は竹林の七賢の一人であり、「郷閭宿望」があることから、武帝は皇太子に拝するよう命じている。楊珧は「素より名称有り（素有名稱）[18]」とされている。さらに衛瓘は「甚だ朝野に声誉を得（甚得朝野聲譽）[19]」とされてから、太子少傅を領している。

また尚書令や録尚書などの尚書関連の官職を兼官しているのが、汝南王亮・楊駿・山濤・衛瓘・賈充である。尚書関連の官職は当時実権に与ることができたとされており[20]、彼らの朝廷への影響力は大きかったと考えられる。

つまり、武帝が太子二傅・太子太保の任命に当たって表に示したような人物を選んだのは、彼らに名声があり、朝廷の影響力が大きい有力者であったことは明確である。だが、中には名声以外の理由で任命された者もいた。

二　太子師傅就任の政治的背景

表に示した人物が太子二傅や太保に就任した背景には、当時の政治的動向も多大な影響を与えていた。『晋書』巻四五、賈充伝には、

初め、帝疾篤く、朝廷意を（司馬）攸に属す。河南尹夏侯和　充に謂いて曰く、「卿二女の壻は、親疎等しきのみ。人を立つるは当に徳を立つべし。」と。充答えず。是に及びて、帝之を聞き、和を光禄勲に徙す。乃ち充の兵権を奪いて、位遇替わること無し。尋いで太尉、行太子太保、録尚書事に転ず。

初、帝疾篤、朝廷屬意於攸。河南尹夏侯和謂充曰、「卿二女壻、親疎等耳。立人當立德。」充不答。及是、帝聞之、徙和光祿勳、乃奪充兵權、而位遇無替。尋轉太尉・行太子太保・錄尚書事。

とある。賈充は、武帝が病によって一時重篤になった際に、皇太子であった司馬衷ではなく、武帝の母弟である司馬攸を後継者とすることを否定しなかったことで、太子太保とされている。武帝と司馬攸、また皇太子司馬衷と司馬攸の関係については、安田二郎氏に詳細な研究がある。安田氏は、司馬昭が晋王国の世子を決める際に、長子の司馬炎（武帝）か、亡兄・司馬師の後を継いでいる司馬炎の同母弟攸かを迷ったことを取り上げて、「（司馬昭が）ことさらに謙虚をよそおって、亡兄司馬師の勲業を強調し、また他方その継子攸の名聞の高さを踏まえて、自からの意向の真摯さを標榜しつつ、司馬昭の口から切っての党臣たちに示された攸への伝位なるものは、年齢からしてもまた政治経験においても、適格性を欠くこと明らかなダミー攸をまず提示して、真の意中の人物嫡子炎への支持を引き出し、彼ら党臣の炎に対する徹底した献身と忠勤をはっきりと確約させることが司馬昭の真のねらいであった」(21)としている。

司馬懿
- 司馬師 —— 司馬攸（司馬師の跡継ぎに）
- 司馬昭
  - 司馬炎
  - 司馬攸

武帝と司馬攸の後継問題は、司馬昭の嫡子司馬炎を支持するという党臣の支持を引き出した上で、武帝が即位することで終結したのだが、皇太子司馬衷の不慧問題により、再燃することになった。『晋書』巻四五、和嶠伝には以下のようにある。

嶠　太子の不令なるを見て、因りて侍坐して曰く、「皇太子　淳古の風有るも、而れども季世偽り多く、恐るらくは陛下の家事を了《お》えざらん。」と。帝黙然として答えず。

嶠見太子不令、因侍坐曰、「皇太子有淳古之風、而季世多偽、恐不了陛下家事。」帝黙然不答。

和嶠からみると、皇太子司馬衷は「陛下の家事」をおこなえないと考えられていた。このような司馬衷の不慧問題は史料上にしばしばみられる[22]。司馬衷が将来皇位を継承することを憂えた中には、太子少傅となった衛瓘もいる。『晋書』巻三六、衛瓘伝に、

恵帝の太子為るや、朝臣咸な謂えらく純質にして、政事を親らすること能わず。瓘毎に陳啓して之を廃さんと欲するも、未だ敢えて発せず。後陵雲台に会宴し、瓘酔いに託し、因りて帝の牀前に跪きて曰く、「臣啓する所有らんと欲す。」と。帝曰く、「公の言う所は何ぞや。」と。瓘言わんと欲して止むこと三たび、因りて手を以て牀を撫でて曰く、「此の坐惜しむべし。」と。帝　意乃ち悟り、因りて謬りて曰く、

「公真に大いに酔わんや。」と。瓘此こに於いて復た言有らず。賈后是れに由りて瓘を怨む。
恵帝之爲太子也、朝臣咸謂純質、不能親政事。瓘毎欲陳啓廢之、而未敢發。後會宴陵雲臺、瓘託醉、因跪帝牀前曰、「臣欲有所啓。」帝曰、「公所言何耶。」瓘欲言而止者三、因以手撫牀曰、「此座可惜。」帝意乃悟、因謬曰、「公眞大醉耶。」瓘於此不復有言。賈后由是怨瓘。

とあり、朝臣は皆皇太子司馬衷が政治をおこなうことができないと考えており、衛瓘は酔いに任せて皇帝の前で、皇太子が将来皇位を継承することの懸念を表明していることがわかる。

前述した司馬攸は文帝（司馬昭）の二子、つまり武帝の弟であったが、子がなかった景帝（司馬師）の養子となり、文帝が崩御する際にも、後継者として注目されていた。武帝が文帝の後を継ぎ、皇帝となり、司馬衷を立太子してからは、司馬攸が後継者と考えられることはなくなったが、皇太子となった司馬衷が不慧であることが次第にわかってきたことで、再び司馬攸が注目されることになっていたのである。

武帝の後継者として司馬攸が挙げられた際、反対しなかった賈充、皇太子司馬衷を廃立することを求めた衛瓘、さらに司馬攸本人が、皆太子師傅に就官していることは重要である。司馬攸の太子二傅就官に対して安田二郎氏は、「攸に対する信任策と見られる太子少傅—太子太傅長期領認も賢弟攸の声誉を利用して皇太子の崇重化を目論みつつ、その他方であくまで保傅以外の何物でもないことを標示、確認する措置であったと解釈しても必ずしも失当とはなされないように思われる(23)」と述べている。

また、太子師傅は皇太子の教育を掌る者であったことは前述したが、傅には補佐するという意も含まれており(24)、太子師傅は教育だけでなく、皇太子の補佐をする役割を担っていたと考えられる。したがって、皇太子司馬衷の皇位継承に消極的であっても、太子師傅に任命されれば、少なくとも表向きは皇太子を補佐する立場を取らざるをえない。それによって、武帝は皇太子への消極的な意見を減らすよう努めたのである。

したがって、彼らの太子太傅など師傅職への就官は、皇太子を善導するためではなく、皇太子司馬衷の皇位継承に反対している重臣を太子師傅とすることで、反対意見を無くすとともに、彼らの名声を借りて朝廷の支持を得ようとしたものであると考えられる。

一方で、晩年武帝の体調が悪化するにつれて、積極的に太子太傅などの官職に就こうとする者が現れてくる。武帝の死後、実権を握った外戚の楊駿である。『晋書』巻四十の楊駿伝では、

> 信宿の間、上の疾遂に篤く、后乃ち帝に駿を以て輔政せしめんことを奏して、帝之に頷く。便ち中書監華廙・令何劭を召し、帝の旨を口宣して遺詔を作らしめて、曰く、「(中略) 侍中・車騎将軍・行太子太保・領前将軍楊駿は、徳を経にし哲を履み、鑑識は明遠なり。二宮を毘翼し、忠粛は茂著たり。宜しく位を上台に正し、跡を阿衡に擬うべし。其れ駿を以て太尉・太子太傅・仮節・都督中外諸軍事と為し、侍中・録尚書・領前将軍は故の如し。参軍六人・歩兵三千人・騎千人を置き、移して前衛将軍珧の故府に止めよ。若し殿中に止宿すれば宜しく翼衛有るべし。其れ左右衛三部司馬各おの二十人・殿中都尉司馬十人を差《つか》わして駿に給い、兵仗を持ちて出入するを得しめん。」と。詔成りて、后は廙・劭に対え以て帝に呈す。帝親ら視るも言うこと無し。是れより二日にして崩じ、駿は遂に寄託の重きに当たりて、太極殿に居る。
>
> 信宿之間、上疾遂篤、后乃奏帝以駿輔政、帝頷之。便召中書監華廙・令何劭、口宣帝旨使作遺詔、曰、「(中略) 侍中・車騎将軍・行太子太保、領前将軍楊駿、經徳履喆、鑒識明遠。毗翼二宮、忠肅茂著。宜正位上台、擬跡阿衡。其以駿爲太尉・太子太傅・假節・都督中外諸軍事、侍中・錄尚書・領前將軍如故。置參軍六人・歩兵三千人・騎千人、移止前衛將軍珧故府。若止宿殿中宜有翼衛。其差左右衛三部司馬各二十人・殿中都尉司馬十人給駿、令得持兵仗出入。」詔成、后對廙・劭以呈帝。帝親視而無言。自是二日而崩、駿遂当寄託之重、居太極

殿。

とあり、武帝は侍中・車騎将軍・行太子太保・領前将軍であった楊駿を、太尉・太子太傅[25]・仮節・都督中外諸軍事に命じ、侍中・録尚書・領前将軍はもとのままとした。ここでわざわざ太子太保から太子太傅に遷しているのは、太子師傅の中でも、太子太傅の位が最も高いと考えられていたことを示しているだろう。

田中氏は、楊駿が太康十（二八九）年から太熙元（二九〇）年にかけて政敵を排除したのは、東宮の独占が目的であり、楊駿の太子太傅就官については、「楊駿は武帝の死に先立ち東宮を押さえておくことで、武帝死後に皇帝となる皇太子衷の身辺警護の権利を独占し、その即位後の専権体制構築の布石としたのであろう[26]」と述べている。楊駿は太子師傅という皇太子に非常に近い地位に、兼官を利用して就任することで、皇太子の即位後、実権を握ろうとし、実際に実権を握ることになるのである。

以上のように、武帝は当時の権力者や名声ある人物を、多く太子師傅に任命していたことがわかった。また皇太子司馬衷の不慧が明らかになってからは、皇太子の皇位継承を反対する者も、太子師傅に任命していた。武帝が名誉職であった太子師傅にこのような人物を就任させたのは、「不慧」と評された皇太子への消極的な意見を封じるための措置であったといえるのではないか。彼らの権威をかりて後継者として朝廷の支持を得、後継者の取り巻きとして名声ある人物を配置する必要があったのである。また、太子師傅の皇太子の補佐役という立場を利用し、皇太子司馬衷の皇位継承に反対している人物を太子師傅とすることによって、皇太子への反対意見を無くそうと考えたのである。

では、武帝が崩御し、楊駿が実権を握った後の太子師傅はどうなったのだろうか。次節で考察していきたい。

第三節　皇太子司馬遹の太子六傅

武帝が崩御し、恵帝が即位するとすぐに司馬遹が十三歳で立太子され、何劭《しょう》・王戎・楊済・裴楷・張華・和嶠が太子師傅に任命された。またそれに伴い、太子賓友も置かれることになった。

先述の『晋書』巻五二、愍懐太子伝に、太子六傅を「徳望」によって選出したということを証明するように、当時名声ある人物を就官させていた。史料にも明確に名声があったことがわかるのは、王戎・裴楷・張華・和嶠である。順に見ていくと、王戎については、竹林の七賢の一人で「是に由り名を顕らかにす[27]」とあり、裴楷は、「弱冠にして名を知らる[28]」とあり、張華は『晋書』巻三六の張華伝に、

陳留の阮籍之を見て、歎じて曰く「王佐の才なり。」と。是に由りて声名始めて著る。

陳留阮籍見之、歎曰、「王佐之才也。」由是聲名始著。

とある。和嶠も「盛名世に有り[29]」と称えられている。何劭についても、彼は開国の元勲であるとともに、名声もある何曾の子であった。また何劭自身も、武帝と同年であり、幼い時から仲がよかったといわれている[30]。太子太保の楊済だけは武芸に優れていたことはわかるが[31]、名声があったことかどうかは不明である。彼は当時実権を掌握していた楊駿の弟であり、楊駿の采配によって太子太保のポストを与えられたと考えられる。

また、太子賓友には、太子師傅の楊済の子、裴楷の子、張華の子が命じられ、恵帝の太子師傅であった衛瓘の子、同じく恵帝の太子師傅であった華表の孫、宗室の司馬略が置かれている。『晋書』巻三七、高密文献王

表三　司馬遹の太子六傅就任者

番号	姓名	官職名	就任年齢	本官	名声の有無	出典
1	何劭	太子太師	不明	通省尚書事	○	『晋書』巻三三
2	王戎	太子太傅	57歳	無し	○	『晋書』巻四三
3	楊済	太子太保	不明	不明	×	『晋書』巻四〇
4	裴楷	太子少師	不明	無し	○	『晋書』巻三五
5	張華	太子少傅	59歳	無し	○	『晋書』巻三六
6	和嶠	太子少保	不明	散騎常侍、光禄大夫	○	『晋書』巻四五

泰伝に附す孝王略伝には、

元康初め、愍懐太子　東宮に在り、大臣子弟名称有る者を選び以て賓友と為し、（司馬）略は華恒等と与に並びに左右に侍る。

元康初、愍懐太子在東宮、選大臣子弟有名稱者以爲賓友、略與華恒等並侍左右。

とあり、太子賓友も太子六傅と同様に名声がある者を選んでいることがわかるのである。

しかし、武帝期と異なり、この太子六傅はほとんど兼官がなく、実権を持たなかった。『晋書』巻三六、張華伝には、

恵帝即位するや、（張）華を以て太子少傅と為し、王戎・裴楷・和嶠と倶に徳望を以て楊駿の忌む所と為し、皆な朝政に与らず。

惠帝卽位、以華爲太子少傅、與王戎・裴楷・和嶠倶以德望爲楊駿所忌、皆不與朝政。

とあることからも、太子六傅のほとんどが実権を持たなかったことを裏付けている(32)。恵帝即位後は、外戚の楊駿が専権を振るっていたことから、この太子六傅の任命は楊駿の意図であった。楊駿は自分に権力を集中させるために、張華や王戎、裴楷、和嶠などの名声があり、朝廷に影響力のある

人物を権力から遠ざけたかったと考えられる。しかし一方で、自分の地位を確保するためにも武帝の時と同様皇太子の支持を朝廷から得る必要があった。そのため、彼らを太子六傅に任命し、それによって名声ある人物が皇太子を支持していることを天下に示そうとしたと考えられる。

以上のように、武帝が皇太子司馬衷の太子師傅に任命したのは、名声ある士大夫であり、朝廷への影響力を持つ人物であった。またそれだけでなく、司馬衷を後継者とすることに積極的でない人物も任命している。武帝が崩御し、司馬衷が即位すると、外戚の楊駿が実権を握ることになるが、彼も皇太子司馬遹に対して名声ある士大夫を太子師傅に任命している。

次代の皇太子（司馬遹）の太子師傅については、外戚楊駿の意向により朝廷に影響力のある人物が任命されたが、これには楊駿の二つの思惑、すなわち、彼らを朝廷から遠ざけようとする意図と、名士らが皇太子を支持しているように見せかけようとする意図が交錯していた。

この根底には輿論の意向が強く影響していたと考えられる。福原啓郎氏は、斉王攸の帰藩事件に対する王渾の議論を取り上げ、「皇帝の「至親」であり、しかも徳望ある、国家第一の臣下の斉王攸が、皇帝の猜疑を受け、政権の中枢から遠ざけられるという事態は、ひいては皇帝にとっては、より「疎遠」たる存在である異姓の、「忠良」な臣下を不安に陥れる。何故ならば、このような血統、並びに資質の点で当然政治に与るべき筆頭の人物が疎外される状況は輿論における人物評価と現政権を担当する人物とが乖離している象徴であり、その意味で全士大夫に深刻な影響を与える。その結果、輿論と現政権との乖離という現象は、国家に対する信頼における人心の動揺という、国家を有する皇帝が最も忌避すべき国家存亡の危機をもたらす[33]」と述べる。当時輿論の意向は、王朝の運営を揺るがすほど重要なものであった。つまり、武帝が不慧であった皇太子司馬衷に対して、名声ある人物を多く就官させたのも、武帝崩御後に専権を振るった楊駿が張華や王戎・裴楷・和嶠らを忌避していたにもかかわらず、名声があることから太子六傅に就官させたのも、この輿論を強く意識したことによっておこなったものと考えられる。武帝や楊駿は名声ある士大夫たちを太子師傅とし、皇太子を輔翼させることで、この輿論の支持を得ようとしたのである。この背景には、当時、官僚は「九品官人法」という輿論に依拠した推薦制度を通じて仕官していたことも大いに関係している。

名声ある士大夫を後継者たる太子の側近とするのは、西晋以前の魏や呉でもみられる。例えば魏では、『晋書』巻一、宣帝紀に、

　魏国既に建ち、（司馬懿）太子中庶子に遷る。大謀に与かる毎に、輒ち奇策有り、太子（曹丕）の信重する所と為る。陳群・呉質・朱鑠と号して四友と曰う。

　魏國既建、遷太子中庶子。毎與大謀、輒有奇策、爲太子所信重。與陳羣・吳質・朱鑠號曰四友。

とあり、宣帝の司馬懿と陳群、呉質[34]、朱鑠《しゃく》[35]は曹丕の信頼厚く、四友と号されていたことがわかる。言うまでもなく司馬懿は西晋の初代皇帝である司馬炎の祖父である。また陳群は九品官人法を制定したことで有名であるが、祖父の陳寔《しょく》から父の陳紀、叔父の陳諶と皆盛名があり、文帝（曹丕）は東宮にあるとき、「父友の礼」をもって待していた[36]。また、呉においても『三国志』巻五九、孫登伝に、

　（魏黄初二［二二一］年）是の歳、登を立てて太子と為し、選びて師傅を置き、銓《えら》びて秀士を簡し、以て賓友と為す。是れに於いて諸葛恪・張休・顧譚・陳表等以て選び入り、侍りて詩書を講じ、出でて騎射に従う。権　登に漢書を読み、習いて近代の事を知らしめんと欲して、張昭　師法有るも、重《はな》はだ之を煩労とするを以て、乃ち休をして昭に従いて読を受け、還りて以て登に授く。（中略）黄龍元（二二九）年、

権　尊号を称し、立てて皇太子と為し、恪を以て左輔と為し、休を右弼、譚を輔正と為し、表を翼正都尉と為し、是れ四友と為し、謝景・范慎・刁玄・羊衜等皆な賓客と為す。是こに於いて東宮号して多士と為す。

是歳、立登爲太子、選置師傅、銓簡秀士、以爲賓友。於是諸葛恪・張休・顧譚・陳表等以選入、侍講詩書、出從騎射。權欲登讀漢書、習知近代之事、以張昭有師法、重煩勞之、乃令休從昭受讀、還以授登。（中略）黃龍元年、權稱尊號、立爲皇太子、以恪爲左輔、休右弼、譚爲輔正、表爲翼正都尉、是爲四友、而謝景・范慎・刁玄・羊衜等皆爲賓客。於是東宮號爲多士。

とあり、黄初二年に孫権の長子であった孫登が王太子となると、師傅・賓友として、諸葛恪・張休・顧譚・陳表が側近となり、孫権が皇帝に即位し、王太子から皇太子となると、彼らを四友とし、さらに謝景・范慎・刁《ちょう》玄・羊衜《どう》等を賓客としている。[37]

諸葛恪は、『三国志』巻六四、諸葛恪伝に「諸葛恪字は元遜、瑾の長子なり。少くして名を知らる（諸葛恪字元遜、瑾長子也。少知名）。」とあるように若くから名を知られており、張休は、呉の四姓の一人であり、名声があった張昭の子である。[38] 顧譚も、呉の四姓であり、呉の相となった顧雍の孫である。父の邵も名を知られており、彼自身も衆望を得ていた。[39] 陳表は武官であった陳武の孫だが、彼自身は若くから名を知られており、士大夫に評価されていたと思われる。[40] したがって、諸葛恪・張休・顧譚・陳表らは全て名声があり、士大夫たちに評価されていた。つまり、当時の有力者を太子の師や友としていることがわかる。

このように太子師傅職の拡充が顕著となるのは西晋だが、その兆候はすでに三国時代から見られる。これは魏晋時代において、後継者を決める際には、朝廷の支持を得ることが必要不可欠であったことを示唆しているのではないだろうか。

おわりに

本論では、西晋において太子師傅が大きく拡充した原因について考察してきた。まず太子師傅が西晋から兼官が一般的になったことに言及し、それによって多くの人物を就任させることができるようになったことを指摘した。そして太子師傅就任者の多くは名声ある士大夫や当時実権を握っていたなどの朝廷への影響力を持つ人物であり、武帝や楊駿は彼らを太子師傅に就任させることによって、朝廷の支持を得ようとしたのであった。

両漢において、皇帝自身やその一族、皇后、外戚、宦官などの皇帝の周囲の関係によって後継者は決められ、官僚たちが強い発言力を持つことはあまりなかった(41)。しかし魏晋では、皇位継承問題が非常に複雑な問題となっているようにみえる。三国時代では特に曹操・孫権は後継者問題に対して頭を悩ませていた。呉では皇太子孫和と弟の孫覇の派閥争いが勃発し、その派閥同士が争うことを恐れ、結果的に皇太子は廃立され、孫覇には死を賜うという喧嘩両成敗の処置に至った。魏についても曹丕と曹植との派閥争いがあった。つまり後継者問題が一族やその側近の問題だけでなく、政権に関わる官僚たちの意見を踏まえなければならなかったのである。西晋が建国された後もこの情勢は続くこととなる。

前述したように、西晋においても、武帝と斉王攸、皇太子司馬衷の皇位継承問題は、王朝を揺るがす大きな問題であった。武帝は皇太子に名声ある士大夫や皇太子司馬衷の皇位継承を反対する者を師傅として繋がらせることで、皇太子の支持を得ようとしたのではないか。それが皇太子にとっての師友にあたる太子師傅・太子賓友の充実である。武帝は名声ある士大夫を太子師傅に任命することで、強制的に皇太子との関係を築かせたのである。西晋での太子師傅の充実は、皇太子に名声ある士大夫や権力者を太子師傅に就けることによって、皇太子が支持されていることを天下に知らしめるものであった。三国の魏と呉、西晋の最初の皇太子である司馬衷、次の皇太子である司馬遹らの太子師傅・太子賓友に当時の名声ある士大夫が多く置かれたことは、ここに起因しているといえる。

両漢では皇位継承者は皇帝や外戚を含むその一族が決定するものであった。しかし魏晋時代になると、皇帝やその一族だけで決めるものではなく、当時の輿論の支持が重要な要素となってきたといえる。

このことは皇太子だけでなく、諸侯王にも師と友が置かれるようになったことからも明らかである。(42) 名声ある士大夫の支持と、彼等との人間関係の構築は皇太子にとっても当時必要不可欠なものであったのである。

では、皇太子を選ぶ際の輿論への配慮はその後も続くのだろうか。続くとしたらその輿論への配慮は、どのような形で現れるのか。章を改めよう。

注

（1）『宋書』巻四十、百官志下。太子太傅、一人。丞一人。太子少傅、一人。丞一人。傅、古官也。文王世子曰、「凡三王教世子、太傅在前、少傅在後、並以輔導爲職。」

（2）『晉書』巻二四、職官志。太子太傅・少傅、皆古官也。泰始三年、武帝始建官、各置一人、尚未置詹事、官事無大小、皆由二傅、並有功曹・主簿・五官。太傅中二千石、少傅二千石。

（3）齊藤幸子「前漢の太子太傅」（『人間文化創成科学論叢（お茶の水女子大学）』十一、二〇〇九年）、七頁。

（4）齊藤幸子「後漢の太子二傅と諸侯王の傅」（『お茶の水史学』六一、二〇一七年）、五二頁。

（5）齊藤氏「前漢の太子太傅」参照。

（6）頼亮郡『六朝隋唐的東宮研究』博士論文、二〇〇一年、第二章「東宮的組織与東宮官」、劉嘯「再論晋初太子之争―以太子太傅・少傅・詹事的設置為中心」（『歴史教学問題』二〇一〇年第二期）、張軍・龐駿『中古儲君制度研究』（民族出版社、二〇一五年）、第三章「東宮官僚制度」。

（7）劉雅君「試論両漢太子師傅制度」（『北方論叢』二〇一〇年六期）、「試論孫呉的太子師傅制度」（『歴史教学』二〇一一年十四期）、「試論両晋太子師傅制度」（『華東師範大学学報（哲学社会科学版）』二〇一一年三期）、「試論南朝太子師傅」（『史林』二〇一一年六期）。

（8）安田二郎「西晋朝初期政治史試論」（一九九五年初出。『六朝政治史の研究』京都大学学術出版会、二〇〇三年所収）、二三頁。

（9）田中一輝「西晋の東宮と外戚楊氏」（二〇〇九年初出。『西晋時代の都城と政治』朋友書店、二〇一七年所収）。

（10）田中氏前掲論文、一二八頁。

（11）大庭脩「漢の官吏の兼任」（一九五七初出。『秦漢法制史の研究』創文社、一九八二年所収）、五二五頁。

（12）大庭氏前掲論文、五四一頁。

（13）「領」についても、「行」と同様に大庭脩氏が前掲論文において言及している。

（14）賈充は、『晋書』巻四五、賈充伝に、「初、帝疾篤、朝廷屬意於攸。河南尹夏侯和謂充曰、「卿二女壻、親疏等耳。立人當立德。」充不答。及是、帝聞之、徙和光祿勳、乃奪充兵權、而位遇無替。尋轉太尉・行太子太保・錄尚書事。」とあるように、武帝が一時危篤状態となったときに太子太保を兼官することとなった。これは、『晋書』巻三、武帝紀によると、「（咸寧二年）先是、帝不豫、及瘳、羣臣上壽。」とあり、賈充が太子太保を兼官したのが、咸寧二年頃であることがわかる。

（15）『晋書』巻三八、斉王攸伝。勖等以朝望在攸、恐其爲嗣、禍必及己、乃從容言於帝曰、「陛下萬歲之後、太子不得立也。」

（16）『晋書』巻四四、華表伝。華表字偉容、平原高唐人也。父歆、清德高行、爲魏太尉。（中略）表以苦節垂名、司徒李胤・司隸王宏等並歎美表清澹退靜、以爲不可得貴賤而親疏也。

（17）楊珧の太子少傅就任時期については田中氏前掲論文（一二一～一二二頁）に詳細な考察がある。

（18）『晋書』巻四十、楊駿伝に附す楊珧伝。珧字文琚、歴位尚書令・衛將軍。素有名稱、得幸於武帝、時望在駿前。

（19）『晋書』巻三六、衛瓘伝。太康初、遷司空、侍中・令如故。爲政清簡、甚得朝野聲譽。武帝敕瓘第四子宣尚繁昌公主。瓘自以諸生之胄、婚對微素、抗表固辭、不許。又領太子少傅、加千兵百騎鼓吹之府。

（20）矢野主税「録尚書事と吏部尚書」（『史学研究』一〇〇、一九六七年）、祝総斌『両漢魏晋南北朝宰相制度研究』（中国社会科学出版社、一九九〇年）、一七五～一九〇頁。

（21）安田二郎前掲論文、九～十頁。

（22）『晋書』巻四、恵帝紀。帝又嘗在華林園、聞蝦蟆聲、謂左右曰、「此鳴者爲官乎、私乎。」或對曰、「在官地爲官、在私地爲私。」及天下荒亂、百姓餓死、帝曰、「何不食肉糜。」其蒙蔽皆此類也。
（23）安田氏前掲論文、二一四頁。
（24）『春秋左氏伝』僖公二十八年。鄭伯傅王、用平禮也。【杜預注】傅、相也。
（25）ここでの太子太傅は、兼官を示す「行」や「領」は記されてないが、それ以前に兼官していた行太子太保と同じく、太子太傅も兼官であったと考えるのが妥当であろう。
（26）田中氏前掲論文、一一三頁。
（27）『晋書』巻四三、王戎伝。渾卒於涼州、故吏賻贈數百萬、戎辭而不受、由是顯名。
（28）『晋書』巻三五、裴楷伝。楷字叔則。父徽、魏冀州刺史。楷明悟有識量、弱冠知名、尤精老易、少與王戎齊名。
（29）『晋書』巻四五、和嶠伝。有盛名于世、朝野許其能整風俗、理人倫。
（30）『晋書』巻三三、何曾伝。何曾字穎考、陳國陽夏人也。父夔、魏太僕・陽武亭侯。曾少襲爵、好學博聞、與同郡袁侃齊名。（中略）泰始初、詔曰、「（中略）侍中・太尉何曾、立德高峻、執心忠亮、博物洽聞、明識弘達、翼佐先皇、勳庸顯著。朕纂洪業、首相王室。迪惟前人、施于朕躬。實佐命興化、光贊政道。夫三司之任、雖左右王事、若乃予違汝弼、匡奬不逮、則存乎保傅。故將明袞職、未如用乂厥辟之重。其以曾爲太保、侍中如故。」（中略）劭字敬祖、少與武帝同年、有總角之好。帝爲王太子、以劭爲中庶子。及卽位、轉散騎常侍、甚見親待。劭雅有姿望、遠客朝見、必以劭侍直。
（31）『晋書』巻四十、楊駿伝に附す楊済伝。濟字文通、歷位鎭南・征北將軍、遷太子太傅。濟有才藝、嘗從武帝校獵北芒下、與侍中王濟俱著布袴褶、騎馬執角弓在輦前。猛獸突出、帝命王濟射之、應弦而倒。須臾復一出、濟受詔又射殺之、六軍大叫稱快。帝重兵官、多授貴戚清望、濟以武藝號爲稱職。
（32）ただし「通省尚書事」であった何劭は別である。田中一輝氏は、当時実権を掌握していた楊駿が、何劭を太子太師に任命し、「通省尚書事」権を与えることで、楊駿―東宮（何劭）―尚書省の指令系統を形成していたとする（田中氏前掲論文、一一九頁）。
（33）福原啓郎「八王の乱の本質」（一九八二年初出。『魏晋政治社会史研究』京都大学学術出版会、二〇一二年）、一八〇頁～一八一頁。
（34）呉質は寒人であったが、その文才によって曹丕に寵愛されていたらしいが、詳細は不明である。（松本幸男「曹丕と呉質―曹丕の評論活動の契機―」（『立命館文学』三五八・三五九、一九七五年）参照）。
（35）朱鑠は中領軍であったこと以外、詳細は不明である。（『三国志』巻二一、王衛二劉伝、呉質の条、裴注所引『質別伝』参照）。

(36)『三国志』巻二二、陳群伝。陳羣字長文、潁川許昌也。祖父寔、父紀、叔父諶、皆有盛名。（中略）文帝在東宮、深敬器焉、待以交友之禮、常歎曰、「自吾有回、門人日以親。」及卽王位、封羣昌武亭侯、徙爲尚書。制九品官人之法、羣所建也。

(37)『三国志』巻五二、顧雍伝注引。陸機爲譚傳曰、宣太子正位東宮、天子方隆訓導之義、妙簡俊彥、講學左右。時四方之傑畢集、太傅諸葛恪等雄奇蓋衆、而譚以清識絕倫、獨見推重。自太尉范愼・謝景・羊徽之徒、皆以秀稱其名、而悉在譚下。

(38)『三国志』巻五二、張昭伝。張昭字子布、彭城人也。少好學、善隸書、從白侯子安受左氏春秋、博覽衆書、與琅邪趙昱・東海王朗俱發名友善。弱冠察孝廉、不就、與朗共論舊君諱事、州里才士陳琳等皆稱善之。
四姓については大川富士夫『六朝江南の豪族社会』（雄山閣出版、一九八七年）参照。

(39)『三国志』巻五二、顧雍伝。雍爲相十九年、年七十六、赤烏六年卒。（中略）邵字孝則、博覽書傳、好樂人倫。少與舅陸績齊名、而陸遜・張敦・卜靜等皆亞焉。（中略）薛綜爲選曹尚書、固讓譚曰、「譚心精體密、貫道達微、才照人物、德允衆望、誠非愚臣所可越先。」

(40)『三国志』巻五五、陳武伝。累有功勞、進位偏將軍。建安二十年、從擊合肥、奮命戰死。（中略）弟表、字文奧、武庶子也、少知名、與諸葛恪・顧譚・張休等並侍東宮、皆共親友。尚書曁豔亦與表善、後豔遇罪、時人咸自營護、信厚言薄、表獨不然、士以此重之。

(41) 例えば、前漢の武帝が立太子される前には、皇太子として栄が即位していた。しかし栄を生んだ栗姫が長公主嫖の女と皇太子栄の縁談を断ったため、長公主が怒って栗姫を讒言した。それによって皇太子栄は廃位され、武帝が立太子されたのである。また、宣帝は子の元帝とは政治の方針が異なっていた。それゆえに宣帝は淮陽王を愛したが、皇后である許氏は、宣帝が民間にいた頃から連れ添った妻であったため、許氏を思いやって、皇太子を変えることはなかった。後漢になると、皇后や皇太后、宦官などによって後継者は決められるようになっていく。このように、漢代では後継者決定の際には、皇后・外戚・宦官などの皇帝の側近の影響力が強かったといえる。

(42)『晋書』巻二四、職官志。王置師・友・文學各一人、景帝諱、故改師爲傅。

第二章　釈奠と歯冑の礼

――資質の顕示としての皇太子儀礼

はじめに

前章では、西晋においては名声を持つ士大夫らの輿論が皇帝にとって無視できないもので、それが皇太子にまで及び、その結果、西晋において太子師傅が拡充したことを述べた。これは漢代までと異なり、この時代において皇太子制度が変化し始めたことを示している。そしてその変化は、南北朝時代を経て唐代になると、どのようなものへと確立していくのか。本章では、魏晋南北朝時代から唐代まで続けられた釈奠を取り上げる。

中国のみならず儒学は東アジアにとって切り離すことができないものである。その儒学を振興するために孔子を祭った儀式が釈奠である。しかし元々は孔子に限らず、広く国の先聖や先師を祭る儀式のことであった。釈奠について、『礼記』文王世子には、

凡そ学にて、春は官其の先師に釈奠す。秋冬も亦た之の如くす。凡そ始めて学を立つる者は、必ず先聖・先師に釈奠す。

凡學、春官釋奠于其先師。秋冬亦如之。凡始立學者、必釋奠于先聖先師。

とあり、釈奠の様子が記されている。釈奠は初めて学問を治めようとするものが、先聖・先師を祭る行為であり、三国時代の魏から唐の間で頻繁におこなわれた。その中で次第に孔子やその弟子が祭られ釈奠の形が完成していくのである。

釈奠についてはこれまで多くの研究がおこなわれてきた。しかしそのほとんどが、教育史や儀礼を明らかに

するために釈奠を研究するものであった(1)。

だが、儒学の振興のためにおこなわれたとされている釈奠には、一方でそれ以外の役割も担っていた。松浦千春氏は、特に魏晋時代の釈奠を取り上げ、釈奠をおこなうのが幼年皇帝もしくは皇太子で、ほぼ元服の時期と同時であることから「帝位継承過程の通過儀礼」として認識され、皇帝・皇太子の帝権を担うに足る人格の完成を表示したとしている(2)。その後、南朝から次第に釈奠の時代的特異性が無味乾燥な解釈学によって礼経典の普遍性の中に吸収・同化されつつあったと述べる。

その後の釈奠について松浦氏は、魏晋時代に重視された釈奠が次第に魏晋ほど重視されなくなり、唐に至っては、「高祖・太宗ともに実施しているが儒教・国学振興政策の範囲のもので、逆に南朝の在り方とはまた異なった側面をもっている(3)」として、相当な変化があった、というに留まる。

確かに、魏晋南朝と唐では釈奠に大きな変化が見られる。しかし唐においても皇太子による釈奠は多く見られ、その意義は国学振興政策に留まらないように見受けられる。

また釈奠をおこなう皇太子自体に着目しても、漢に比べて南朝の皇太子の実務への関与が非常に大きいものであったように(4)、皇太子制度自体の変化も魏晋南北朝時代から見られるようになってくる。このように釈奠と皇太子制度の変化は時期をほぼ同じくしており、ここに魏晋から唐までの皇太子、ひいては皇帝権について理解する上で重要な手がかりがあるように思われるのである。

本章では、釈奠をおこなう皇太子に注目し、まず皇太子による釈奠の起源とその系譜について一瞥する。そして唐代の釈奠ではこれまでと異なり、歯冑が重視されたことに言及する。これらのことから前近代において皇太子がおこなう釈奠がどのような意味を持ったのか、ということについて考察し、それによって魏から唐までの釈奠の実態、また皇太子制度を解明する一助としたい。

第一節　釈奠礼の系譜——魏晋から唐まで

本節では釈奠制度の変遷について、魏晋南朝、北朝、唐の各時代について順を追って見ていく。釈奠において最も重要なのは、孔子などの先聖や先師に対して礼をおこなうことであるが、その際、『論語』や『孝経』などを講経することもおこなわれている。

魏晋南朝・北朝・唐では、それぞれ釈奠の内容は少しずつ異なっている。まずは、三国時代の魏から述べていこう。

一　魏晋南朝における釈奠

最初に釈奠について記した史書は沈約『宋書』である。『宋書』巻十七、礼志には、

魏の斉王正始二（二四一）年三月、帝『論語』を講じて通し、五（二四四）年五月、『尚書』を講じて通し、七（二四六）年十二月、『礼記』を講じて通す。並びに太常をして釈奠せしめ、太牢を以て孔子を辟雍に祀り、顔淵を以て配す。

魏齊王正始二年三月、帝講論語通、五年五月、講尚書通、七年十二月、講禮記通。並使太常釋奠、以太牢祀孔子於辟雍、以顏淵配。

とあり、魏の斉王の釈奠について述べられている。『三国志』巻四、三少帝紀、斉王にもこれに対応する記事

はあるが、「釈奠」の語は見られない。また、その内容も断片的で詳細は不明である。同じく『宋書』巻十七、礼志に、

晋の武帝泰始七（二七一）年、皇太子は『孝経』を講じて通し、咸寧三（二七七）年、『詩』を講じて通し、太康三（二八二）年、『礼記』を講じて通し、恵帝元康三（二九三）年、皇太子は『論語』を講じて通す。元帝太興三（三二〇）年、皇太子は『論語』を講じて通し、太子並びに親ら釈奠し、太牢を以て孔子を祠り、顔淵を以て配す。成帝咸康元（三三五）年、帝は『詩』を講じて通し、穆帝升平元（三五七）年三月、帝は『孝経』を講じて通し、孝武寧康三（三七五）年七月、帝は『孝経』を講じて通し、並びに釈奠すること故事の如し。穆帝、孝武並びに権《か》りに中堂を以て太学と為す。

晉武帝泰始七年、皇太子講孝經通、咸寧三年、講詩通、太康三年、〔講禮記通、恵帝元康三年、皇太子〕講論語通。[5] 元帝太興三年、皇太子講論語通、太子並親釋奠、以太牢祠孔子、以顔淵配。成帝咸康元年、帝講詩通、穆帝升平元年三月、帝講孝經通、孝武寧康三年七月、帝講孝經通、並釋奠如故事。穆帝、孝武並權以中堂爲太學。

とあって、両晋でもしばしば釈奠がおこなわれている。

また劉宋でも晋と同じように釈奠がおこなわれたことが次の『宋書』巻十七、礼志の記事からわかる。

宋文帝の元嘉二十二（四四五）年四月、皇太子『孝経』を講じて通し、国子学に釈奠すること、晋の故事の如し。

宋文帝元嘉二十二年四月、皇太子講孝經通、釋奠國子學、如晉故事。

記事からこの時期の釈奠は皇帝或いは皇太子が、太学などで先聖・先師を祀り、その際、『孝経』や『論語』などを講じるのが一般的であったことがわかる。『礼記』には、釈奠の語が見られるが、講経をおこなったかどうかについては不明である。後漢から講経がみられるようになり、これが釈奠における講経の起源となった(6)。

魏の斉王の講学を中心とした釈奠は、晋王朝にも受け継がれ、南朝での釈奠も両晋の釈奠が儀式の基本的な形となったと考えられる。特に魏晋時代の釈奠については松浦千春氏の論文に詳しい。

松浦氏は、斉王芳が先帝である明帝の実子でないことから、血の正当性が無いゆえに、講経によって表徴されたであろう「好学・聡明の少年天子」像を象徴しようとしたとする。また晋の恵帝が皇太子の時におこなった釈奠についても、恵帝が「不慧」といわれていたことから、恵帝は嫡長子として血の正当性については完全といってよく、講経によって能力的な正当性を儀礼的象徴によって表示しようとした、と述べている。その後、東晋南朝を経て、釈奠は「帝位継承過程の通過儀礼」として認識されていった、とする(7)。

では実際に劉宋以後の釈奠はどのようなものであったのか。『南斉書』巻九、礼志に、

永明三（四八五）年正月、詔して学を立つ。創めて堂宇を立て、公卿子弟を召し、下は員外郎の胤に及び、凡そ生二百人を置く。其の年の秋中に悉く集う。（中略）其の冬、皇太子『孝経』を講じ、親ら釈奠に臨み、車駕幸して聴く。

永明三年正月、詔立學。創立堂宇、召公卿子弟、下及員外郎之胤、凡置生二百人。其年秋中悉集。（中略）其冬、皇太子講孝經、親臨釋奠、車駕幸聽。

とあり、南斉の永明三年に学が立ち、学生が二百人置かれ、釈奠がおこなわれることになった。そしてこの時

も皇太子が『孝経』を講義し、皇太子自身が釈奠をしている。

その後、梁・陳でも釈奠は引き続きおこなわれた。『隋書』巻九、礼儀志に、

> 梁の天監八（五〇九）年、皇太子釈奠す。（中略）又た有司以為らく、「礼に云う、「凡そ人の子為るは、升降阼階に由らず」と。案ずるに今学堂に凡そ三階有り。愚謂えらく客若し等を降らば、則ち主人の階に従う。今先師　堂に在り、義として尊敬する所なれば、太子宜しく阼階より登り、以て師に従うの義を明らかにすべし。若し釈奠の事訖らば、宴会の時は、復た先師の敬無く、太子　堂に升るは、則ち宜しく西階よりし、以て阼に由らざるの義を明らかにすべし。」と。
>
> 梁天監八年、皇太子釋奠。（中略）又有司以爲、「禮云、『凡爲人子者、升降不由阼階』。案今學堂凡有三階。愚謂客若降等、則從主人之階。今先師在堂、義所尊敬、太子宜登阼階、以明從師之義。若釋奠事訖、宴会之時、無復先師之敬、太子升堂、則宜從西階、以明不由阼義。」

とあり、釈奠をおこなう際、皇太子は阼階から学堂に登ることを進言されている。これは具体的に釈奠における皇太子の立場が議論されているといえる。梁での釈奠は南斉に較べてより師への尊敬が全面に押し出されている。岡安勇氏によると、「師に礼する場合は東面・西面の席が設けられ、師は東面の席に就けられていた」とする。[8] 阼階は東階を指しており、東から登るということは皇太子が西面することを示す。つまりこれは皇太子が弟子として礼をおこなうことを表しているのである。『隋書』礼儀志はこれに続けて、

> 吏部郎徐勉議すらく、「鄭玄云えらく、「命士由り以上は、父子宮を異にす」と。宮室既に異なれば、阼階に由らざるの礼無し。請うらくは釈奠及び宴会、太子堂に升るは、並びに宜しく東階由りすべし。若し輿駕学に幸せば、自然として中陛よりす。又た『東宮元会儀注』を検ぶるに、「太子崇正殿に升るは、東西

の階を欲せず」とあり。東宮典儀の列に云う「太子の元会は、西階自り升る」を責む。此れ則ち相承けて謬りと為す。請うらくは今より東宮の大公事、太子崇正殿に升るは、並びに阼階に由らんことを。其れ賓客と預会するは、旧に依りて西階よりす。」と。

吏部郎徐勉議、「鄭玄云、「由命士以上、父子異宮」。宮室既異、無不由阼階之禮。請釋奠及宴会、太子升堂、並宜由東階。若輿駕幸學、自然中陛。又檢『東宮元會儀注』、「太子升崇正殿、不欲東西階」。責東宮典儀列云、「太子元會、升自西階」。此則相承爲謬。請自今東宮大公事、太子升崇正殿、並由阼階。其預會賓客、依舊西階。」

とあって、釈奠が皇太子にとって「東宮の大公事」として認識されていることがわかる。梁では、昭明太子・簡文帝が釈奠をおこない、また陳においても、後主・呉興王胤が、釈奠をおこなっている。つまり、附表をみてもわかるように、特に南朝において皇太子は基本的に釈奠をおこなうことになっていたのである。

二　北朝における釈奠

では、次に北朝の釈奠をみていこう。北魏の釈奠については、『魏書』巻九、粛宗紀に、

正光元（五二〇）年春正月乙酉、詔して曰く、「国を建て民を緯《おさ》むるは、教えを立つるを本と為し、師を尊び道を崇ぶは、茲の典昔よりす。来歳の仲陽、節和の気潤う。孔顔を釈奠するは、乃ち其の時なり。有司予め国学を繕い、聖賢を図飾し、官を置き牲を簡び、吉を択び礼を備うべし。」と。

正光元年春正月乙酉、詔曰、「建國緯民、立敎爲本、尊師崇道、茲典自昔。來歳仲陽、節和氣潤。釋奠孔顏、乃其時也。有司可豫繕國學、圖飾聖賢、置官簡牲、擇吉備禮。」

とある。この翌年の正光二年に釈奠はおこなわれたが、時はすでに北魏王朝の末期であった。正光二年の釈奠

附表　南北朝・隋唐の釈奠と主祭者

番号	王朝	釈奠実施年	西暦	主祭者	年齢	主な典拠
1	宋	元嘉二二年	445	皇太子（劭）	20	『宋書』十七
2	南斉	永明三年	485	皇太子（長懋）	28	『南斉書』十九
3	梁	天監八年	509	皇太子（統）	9	『梁書』八
4		大同七年	541	皇太子（→簡文帝）	39	『陳書』三四
5	陳	太建三年	571	皇太子（→後主）	19	『陳書』五
6		至徳三年	585	皇太子（胤）	13	『陳書』六
7	北魏	正光二年	521	孝明帝	12	『魏書』六七
8		永熙三年	534	孝武帝	25	『魏書』十一
9	北斉	？	？	皇太子（百年）	？	『北斉書』三一
10	北周	？	？	太祖	？	『隋書』四六
11		大象二年	580	宣帝	22	『周書』七
12	隋	開皇初	？	皇太子（勇）	？	『隋書』七五
13	唐	武徳七年	624	皇太子（建成）	36	『旧唐書』二四
14		貞観十四年	640	皇太子（承乾）	21	『旧唐書』二四
15		貞観二一年	646	皇太子（→高宗）	21	『旧唐書』三
16		総章元年	668	皇太子（弘）	17	『旧唐書』二四
17		永隆二年	681	皇太子（→中宗）	26	『旧唐書』五
18		景雲二年・三年	711・712	皇太子（→玄宗）	26・27	『旧唐書』七・二四
19		開元七年	719	皇太子（瑛）	10	『旧唐書』二四

については、『魏書』巻八二、常景伝に記されている。

時に粛宗講学の礼を国子寺に行い、司徒崔光経を執り、景と董紹・張徹・馮元興・王延業・鄭伯猷等に勅して倶に録義を為らしむ。事畢り、又た釈奠の礼を行い、並びに百官に詔して釈奠の詩を作らしむるに、時に景の作を以て美と為す。

時肅宗行講學之禮於國子寺、司徒崔光執經、敕景與董紹・張徹・馮元興・王延業・鄭伯猷等倶爲錄義。事畢、又行釋奠之禮、並詔百官作釋奠詩、時以景作爲美。

この史料から正光二年では、当時十二歳であった孝明帝自ら釈奠をおこなったことがわかる。また晋南朝において講経の後に釈奠がおこなわれていることから、北魏でも講経と釈奠はセットでおこなわれるものであった。しかし、南朝とは異なる点も見られる。それは執経の存在である。正光二年の釈奠では、崔光が経を執り講経をおこなっている。このことは崔光伝や、儒林伝にも記されており(9)、釈奠をおこなう主祭者ではない者が、『孝経』を講じているのがわかる。北魏では、永熙三（五三四）年に孝武帝が釈奠をおこなっており、ここでも『孝経』・『礼記』・『大戴礼』夏小正篇が講じられているが、すべて主祭者以外が講じている(10)。これは北朝全てに通じて言えることである。

また北斉では、『隋書』巻九、礼儀志に、

後斉の制、新たに学を立つれば、必ず釈奠して先聖先師を礼し、毎歳春秋二仲には、常に其の礼を行う。月旦ごとに、祭酒　博士已下及び国子諸学生已上を領し、太学・四門博士堂に升り、助教已下・太学諸生は階下にて、孔を拝し顔を揖す。日出でて事を行うに至らざる者は、之を記して一負と為す。雨　服を霑せば則ち止む。学生十日毎に仮を給し、皆丙日を以て之を放つ。郡学は則ち坊内に孔・顔の廟を立て、博士已下、亦た月毎に朝すと云う。

後齊制、新立學、必釋奠禮先聖先師、毎歳春秋二仲、常行其禮。毎月旦、祭酒領博士已下及國子諸學生已上、太學・四門博士升堂、助教已下・太學諸生階下、拜孔揖顏。日出行事而不至者、記之爲一負。雨霑服則止。學生毎十日給仮、皆以丙日放之。郡學則於坊内立孔・顏廟、博士已下、亦毎月朝云。

とある。この時代には釈奠が毎年二月と八月の二度おこなわれるようになり、毎月祭酒や学生は孔子を拝するようになった。

北朝での釈奠は南朝よりも圧倒的に少なく、その詳細も不明なことが多い。しかし、講経を主祭者自身がおこなわないことがあったり、北斉で釈奠が毎年おこなわれるようになったことは、南朝にはなかったことである。そしてこれは唐に受け継がれていくのである。

三　唐における釈奠

唐代では安史の乱までは、皇太子による釈奠がおこなわれていたが、それ以後は関係する記事が見られなくなる。唐代で最初の釈奠は、高祖の武徳七（六二四）年である。

『旧唐書』巻一、高祖紀に、

（武徳七［六二四］年二月）丁巳、国子学に幸し、親ら釈奠に臨む。

丁巳、幸國子學、親臨釋奠。

とあり、また次の太宗においても、『旧唐書』巻三、太宗紀に、

（貞観十四〔六四〇〕年）二月丁丑、国子学に幸し、親ら釈奠し、大理・万年の繫囚を赦し、国子祭酒以下及び学生の高第にて精勤せし者に一級を加え、帛を賜うに差有り。

二月丁丑、幸國子學、親釋奠、赦大理・萬年繫囚、國子祭酒以下及學生高第精勤者加一級、賜帛有差。

とある。この二つの史料から、皇太子が釈奠をおこなうのではなく、高祖・太宗が自ら釈奠をおこなっているようにみえる。しかし、後に玄宗の命によって編纂される『大唐開元礼』には皇太子による釈奠や国子による釈奠、諸州による釈奠についてのみ記載されており、皇帝による釈奠についてはどこにも記されていない。そこで高祖の釈奠を他の史料から見直してみると、『旧唐書』巻一八九上、徐文遠伝に、

武徳六（六二三）年、高祖国学に幸し、釈奠を観、文遠をして春秋の題を発せしむ。諸儒は難きを設け蜂起するに、方に随い占対し、皆能く屈すること莫し。

武德六年、高祖幸國學、觀釋奠、遣文遠發春秋題。諸儒設難蜂起、隨方占對、皆莫能屈。

とあって、ここでは高祖が国学に行幸し、釈奠を「観」たとされている。また太宗についても、『旧唐書』巻二四、礼儀志に、

貞観十四（六四〇）年二月丁丑、太宗国子学に幸し、親ら釈奠を観る。

貞觀十四年二月丁丑、太宗幸國子學、親觀釋奠。

とあり、高祖と同じように「観」るとされている。太宗はこの時の釈奠で、祭酒であり『孝経』を講じた孔穎達に対して質問をおこなっているが、釈奠をおこなうのはあくまで皇太子であったのであろう。つまり、唐代

の釈奠は基本的に皇太子がおこなう祭祀であったということができる。

ちなみに隋も一度高祖が釈奠をおこなったとされているが、『隋書』巻七五、儒林伝には、

天子乃ち万乗を整え、百僚を率い、問道の儀に遵い、釈奠の礼を観る。

天子乃整萬乘、率百僚、遵問道之儀、觀釋奠之禮。

というように、釈奠の礼を「観」るとあり、皇太子が主催者として釈奠をおこなったと推測できる。

おそらくここで「観」るとされているのは、皇帝の視学であったと考えられる。『大唐六典』巻二一、国子監に、「皇帝視学、皇太子歯冑は、則ち執経講義す。（皇帝視學、皇太子齒冑、則執經講義）」とあり、『新唐書』や『大唐開元礼』[11]にも皇帝視学について細かい儀式次第が残っている。このことから、「観釈奠之礼」とあるのは皇帝の視学であったことを示しており、釈奠の主祭者はあくまで皇太子であったとするのが妥当である。

また高祖の釈奠については、『旧唐書』の本紀に武徳七年とあるが、徐文遠伝には武徳六年とある。このことについて多賀秋五郎氏、高明士氏[12]は二度釈奠をおこなったとしているが、『旧唐書』の高祖紀や礼儀志、陸徳伝、『通典』などにはすべて武徳七年に釈奠をおこなったと記されており、武徳六年の釈奠に関する記述は徐文遠伝のみである。普通釈奠は一人につき一度おこない、二度おこなったと明確にわかるのは後の玄宗が皇太子であったときだけで、他に例はない。この時おこなわれた釈奠は武徳七年の一回であったと考えるべきである。

唐代で釈奠をおこなったと考えられる皇太子は、附表でも示しているように、建成・承乾・治（後の高宗）・弘・顕（後の中宗）・隆基（後の玄宗）・瑛であり、安史の乱以前の皇太子は基本的に釈奠をおこなっていることがわかる。

以上のように、皇太子による釈奠を取り上げ、釈奠の起源と変化を整理してみたところ、釈奠は時代が下る度に少しずつ変化していることがわかる。その変化を順にみていくと、まず魏晋では皇太子もしくは幼年皇帝が釈奠をおこない、その中で講経をおこなっている。またこの講経は複数回おこなわれることもあった。つまり魏晋の釈奠では講経が重視されていたと考えられる。南朝になると、釈奠は皇太子だけがおこなうようになり、また講経についても一度しかおこなわれなくなる。北朝では釈奠で講経をおこなっても、主祭者である皇帝もしくは皇太子が執経をしなくなった。唐も南朝と同じく基本的に皇太子が釈奠をおこなうが、講経は国子祭酒などがおこない、皇太子がおこなうことはなかった。また釈奠をおこなう年齢については、魏晋南朝の釈奠をおこなう年齢がほとんど十代、遅くても二十歳なのに対して、唐の釈奠はそのほとんどが二十歳を越えており、顕や隆基に至っては二十六歳で釈奠をおこなっている。この原因については後に詳しく考察する。

第二節　『大唐開元礼』にみえる釈奠

次に『大唐開元礼』に残されている皇太子釈奠の儀式次第から、唐代の釈奠の意義を考察したい。

中国の儀礼は、大祀・中祀・小祀という三つの等級に分かれるが、唐代の釈奠はその内の中祀に分類され、『大唐開元礼』の吉礼に「皇太子釈奠於孔宣父」として記載されている。釈奠は、斎戒・陳設・出宮・饋享・講学・還宮の順番におこなう。この儀式の中心となるのが、先聖・先師に礼をおこなう饋享である。『大唐開元礼』巻五三、吉礼、皇太子釈奠於孔宣父には、享日の未明十五刻、太官令　宰人を帥いて鸞刀を以て牲を割き、祝史は豆二つを以て毛血を取り饌所に置き、遂に牲を烹《に》る。未明五刻、郊社令　其の属及び廟司を帥い各おの其の服を服せしめ、升りて先聖の神座を堂上の西楹の間に、東向して設く。先師の神座を先聖の神座の東北、南面して西上に設く。席は皆な莞を以てす。神位を各おの座首に設く。

享日未明十五刻、太官令帥宰人以鸞刀割牲、祝史以豆二取毛血置於饌所、遂烹牲。未明五刻、郊社令帥其屬及廟司各服其服、升設先聖神座於堂上西楹間、東向。設先師神座於先聖神座東北、南面西上。席皆以莞。設神位各於座首。

とあり、先聖は堂上の西に東向きで置かれ、先師は先聖の東北、南向きに置かれていたことがわかる。皇太子の座は堂の東階の東南、西向きにあり[13]、ここから堂上に上がり、儀式を執りおこなう。前述したように『隋書』巻九、礼儀志にも、「今先師堂に在り、義は尊敬する所、太子宜しく阼階を登り、以て明らかに師の義に従うべし（今先師在堂、義所尊敬、太子宜登阼階、以明従師之義）。」とある。これは師を尊敬する時は阼階、つまり東階を升る必要があり、これは師が東面していることを示す。従ってこの席次はいうなれば、先聖・先師に対して皇太子が弟子としての姿勢を執っていることを示している。また同史料には、

太祝は各おの跪き幣を篚に取り、尊所に興立す。率更令は皇太子を引きて、永和の楽作れば、皇太子は東階より升り、左庶子以下及び左右侍衛は人を量りて従いて升る。皇太子は堂に升り、先聖の神座の前に進み、西向して立つ。楽止めば、太祝は幣を以て左庶子に授け、左庶子は幣を奉り北向きに進み、皇太子は笏を搢《さ》して幣を受く。登歌し、粛和の楽を作し、南呂の均を以てす。率更令は皇太子を引きて進み、西面して跪きて先聖の神座の前に奠り、俛伏し、興《お》く。率更令は皇太子を引きて少や退き、西向して再拝す。訖え、率更令は皇太子を引きて先師の首座の前に進み、北向して立つ。又た太祝は幣を以て左庶子を授

け、左庶子は幣を奉り西向きに進み、皇太子は幣を受け、率更令は皇太子を引きて進み、北面して跪きて先師の首座を奠り、俛伏し、興き、率更令は皇太子を引きて少や退き、北向して再拝す。

太祝各跪取幣於篚、興立於尊所。率更令引皇太子、永和之樂作、皇太子自東階升、左庶子以下及左右侍衛量人從升。皇太子升堂、進先聖神座前、西向立。樂止、太祝以幣授左庶子、左庶子奉幣北向進、皇太子搢笏受幣。登歌、作肅和之樂、以南呂之均。率更令引皇太子進、西面跪奠於先聖神座前、俛伏、興。率更令引皇太子少退、西向再拜。訖、率更令引皇太子進先師首座前、北向立。又太祝以幣授左庶子、左庶子奉幣西向進、皇太子受幣、率更令引皇太子進、北面跪奠於先師首座、俛伏、興、率更令引皇太子少退、北向再拜。

とあるように、初めに皇太子は先聖・先師に幣を奠《まつ》る。上述したように、『礼記』文王世子には、「事を行うに及びて、必ず幣を以てす（及行事、必以幣）。」とあり、釈奠をおこなう際、幣は重要な道具と認識されていた。幣とは帛のことで、これは贈り物を意味する束帛であったと考えられる。釈奠において、幣が重要であった理由はこの束帛にあった。『大唐六典』巻二一、国子監、国子博士に、

其の生初めて入るに、束帛一篚・酒一壷・脩一案を置き、号して束脩の礼と為す。

其生初入、置束帛一篚・酒一壷・脩一案、號爲束脩之禮。

とあるように、普通学生が師に教えを請う場合、つまり学に入る際には束脩の礼をおこなうものであった。[14]また国子生だけでなく、太学や四門学など他の学校でも国子学のように束脩の礼がおこなわれていた。これは皇帝の子である皇子も例外ではなく、同じく『大唐開元礼』巻五四には皇子束脩の儀式も「束帛一篚、酒一壷、脩一案」を奠るとあり、その内容はほぼ同様である。[15]これらは上述した『大唐六典』と一致し、学生はどのような身分であっても、束脩の礼をおこない学に入ることになっていたといえる。幣が釈奠礼にとって重要だっ

東京湯島聖堂の釈奠器配置の様子（筆者撮影）

たのは、師の教えを請うために必要な贈り物で、欠かせないものであったからである。

『大唐開元礼』にある釈奠礼について詳しく見ると、儀式の中心である饋享は、皇太子が先聖・先師に対して、弟子となる礼である束脩を意識しておこなっていたことがわかった。その席次も皇太子が弟子であることを視覚化したものであった。つまり、釈奠は皇太子にとっての入学の礼であったといえる。

釈奠が入学の礼であるとして魏晋南北朝の釈奠をもう一度見てみると、『梁書』巻二、武帝紀には、

（天監九〔五一〇〕年三月）乙未、詔して曰く、「王子学に従い、礼経より著わる。貴遊咸《み》な在るは、実に前誥を惟う。式《もっ》て義方を広くし、克く教道を隆んにする所以なり。今成均　大いに啓き、元良は歯譲し、斯れより以降、並びに宜しく業を肄《なら》うべし。皇太子及び王侯の子、年の従師に在る者は、学に入らしむべし。」と。

乙未、詔曰、「王子從學、著自禮經。貴遊咸在、實惟前誥。所以式廣義方、克隆敎道。今成均大啓、元良齒讓、自斯以降、並宜肄業。皇太子及王侯之子、年在從師者、可令入學。」

とある。これは当時の皇太子である統（昭明太子）が釈奠をおこなった次の年に出された詔勅であり、皇太子や王侯の子は学に入るよう命じている。また『陳書』巻二六、徐孝克伝にも、

至徳中、皇太子学に入り釈奠し、百司は列に陪《したが》い、（徐）孝克は孝経の題を発す。後主は皇太子に詔して北面して敬を致さしむ。

至徳中、皇太子入學釋奠、百司陪列、孝克發孝經題。後主詔皇太子北面致敬。

とある。この至徳中は、至徳三年に当時の皇太子であった陳胤がおこなった釈奠の事を指しており、学に入るという意図が釈奠に含まれていたと推測される。

また皇太子だけでなく、皇帝についても、『初学記』巻十八に引く王隠晋書には、

魏の高貴郷公の学に入るや、将に先典を崇ばんとす。乃ち王祥に命じて三老と為し、侍中鄭小童を五更と為す。祥は几杖に南面し、師道を以て自ら居り、帝は北面して言を乞う。

魏高貴郷公之入學也、將崇先典。乃命王祥爲三老、侍中鄭小童爲五更。祥南面几杖、以師道自居、帝北面乞言。

とあって、皇帝が学に入ることもあったことがわかる。高貴郷公には釈奠をおこなったとされる記述自体は見られないが、[16]おそらく幼い皇帝が入学の礼として釈奠をおこなうことについて不自然ではなかったと考えられる。

また北朝については、史料が少なく詳細はわからないが、前述の、『魏書』巻九、粛宗紀に、「国を建て民を緯《おさ》むるは、教えを立つるを本と為し、師を尊び道を崇ぶ（建國緯民、立敎爲本、尊師崇道）。」とあり、釈奠をおこなうのは師を尊ぶためであることが読み取れる。よって魏晋南朝と比べて、その主旨に大きな差はなかったと考えられる。

以上のことから、皇太子の釈奠が、入学の礼としておこなわれていたと推測されるのである。[17]

では、入学の儀礼としての釈奠が、特に唐の皇太子にとってどのような意味を持ったのだろうか。次節で考察していきたい。

第三節　釈奠と歯冑の礼

一　歯冑の礼

唐の玄宗の治世になると、釈奠礼にこれまでと異なった記述が見られるようになる。『通典』巻五三、吉礼一二、大学には、

開元七（七一九）年十月、皇太子は国学に詣り、歯冑の礼を行う。

開元七年十月、皇太子詣國學、行齒冑禮。

とあり、ここでは玄宗の皇太子である瑛の釈奠を、釈奠ではなく歯冑《しちゅう》として記載し、先聖を祀る際に釈奠のようにおこなったとしている。では、この歯冑とは何か。なぜ釈奠とおもわれる儀礼に、歯冑という記載が見られるのか。釈奠とどのような関係にあるのか。唐代の釈奠を考察するに当たり検討する必要があると考える。

歯冑礼については、釈奠儀礼の中で研究されることはほとんどなかった。ただ松浦氏は『新唐書』巻十五、礼楽志に、

玄宗開元七（七一九）年、皇太子は学に歯冑し、先聖に謁し、詔して宋璟は亜献、蘇頲は終献とす。享に

臨み、天子　歯冑の義を思い、乃ち詔して二献は皆な冑子を用い、先聖を祀ること釈奠の如くす。右散騎常侍褚无量は孝経・礼記の文王世子篇を講ず。

玄宗開元七年、皇太子齒冑於學、謁先聖、詔宋璟亞獻、蘇頲終獻。臨享、天子思齒冑義、乃詔二獻皆用冑子、祀先聖如釋奠。右散騎常侍褚无量講孝經・禮記文王世子篇。

とあり、「釈奠の如し」という記述に触れ、「この「歯冑礼」は釈奠儀礼とは別個のものとみなされていたようである。内容からすれば「入学・御講学始」の儀式といったところであろうか[18]」と述べ、唐代の釈奠についての展望を述べている。

また蓋金偉氏は、歯冑と釈奠について、「皇太子歯冑礼は国子学釈奠礼の中の一つの重要なポイントである」と言及している[19]。

さらに古勝隆一氏は、「「歯冑之礼」とは魏晋以来の「釈奠礼」の唐代的呼称であり、皇太子が元服を目前にひかえ国子学に入学するにあたり、先聖・先師を祀る儀礼であった」と述べている[20]。しかし唐の釈奠は基本的に、二十代で釈奠をおこない、元服と釈奠の相関関係はほとんど見られない。よって元服を目前にひかえ国子学に入学するにあたる、とは言い難いのである。

まず、歯冑礼とはどのような儀礼であったのかについて考察していきたい。

初めに、歯冑という熟語を、「歯」と「冑」の二つに分け、それぞれの漢字の意味について考察したい。まず、「歯」の意味については、『春秋左氏伝』隠公十一年に、

寡人若し薛に朝せば、敢えて諸任と歯せじ。［杜預注：歯は、列なり。］（孔穎達疏：『礼記』文王世子に曰く、「古えは年齢と謂う。歯も亦た齢なり。」と。然らば則ち歯は是れ年の別名なり。人　年歯を以て相次

ぎ列し、爵位を以て相次ぎ列すも亦た名づけて歯と為す。故に歯と云うなり。）
寡人若朝于薛、不敢與諸任齒。［杜預注：齒列也。］（孔穎達疏：『禮記』文王世子曰、「古者謂年齡。齒亦齡也。」然則齒是年之別名。人以年齒相次列、以爵位相次列亦名爲齒。故云齒也。）

とあり、杜預の注に、「歯は、列なり」とされており、さらに孔穎達の疏には、「歯は是れ年の別名」と説明されていることから、「歯」は年齢による序列であったと考えられる。

では、「冑」とは何か。『説文解字注』によると、「冑、胤也」とある。また、『尚書』の舜典に、「教冑子。［注］冑、長也」とあることから、「冑」は後継ぎや長男という意味があったことがわかる。学に関係する歯については、『礼記』王制に、

王の大子、王子、群后の大子、卿・大夫・元士の適子、国の俊選、皆造る。凡そ学に入るときは歯を以てす。
王大子、王子、羣后之大子、卿・大夫・元士之適子、國之俊選、皆造焉。凡入學以齒。

とあり、それぞれの身分の者が学に入る時に、年齢によって序列が決まるとされている。つまり歯冑とは、学に入る時、様々の身分の長子（後継者）が、身分によらず年齢によって序列を定めたものであった。『文選』巻四六、王元長三月三日曲水詩序には、

龍楼を出でて問竪し、虎闈に入りて歯冑す。【李周翰注】公卿の子は冑子と為す。言えらく太子の入学は、年の大小を以て次と為し、天子の子を以て上と為さず、故に歯冑と云う。歯は、年なり。
出龍樓而問豎、入虎闈而齒冑。【李周翰注】公卿之子爲冑子。言太子入學、以年大小爲次、不以天子之子爲上、

故云齒冑。齒、年也。

とあり、皇太子が入学するに当たって、年齢によって序列を定めたものであることを端的に説明している。西晋では、すでに釈奠と歯・冑の関係が見て取れる。『晋書』巻五五、潘尼伝には、潘尼の釈奠頌が残されており、その中で西晋の釈奠についての考え方をうかがい知る事ができる。

其の辞に曰く、（中略）篤生の上嗣、期を継ぎて挺秀なり。聖敬日躋《のぼ》り、濬哲閎《ひろ》く茂る。儒術を留精し、古訓を敦閲す。道に遵い歯に譲り、心を降し問いを下す。鋪するに金声を以てし、光するに玉潤を以てす。日の升るが如く、乾の運《めぐ》るが如し。（中略）莘莘たる冑子、祁祁たる学生。心を洗い自ら百《つと》め、国の栄えを観る。

其辭曰、（中略）篤生上嗣、繼期挺秀。聖敬日躋、濬哲閎茂。留精儒術、敦閲古訓。遵道讓齒、降心下問。鋪以金聲、光以玉潤。如日之升、如乾之運。（中略）莘莘冑子、祁祁學生。洗心自百、觀國之榮。

ここで注目されるのは、「道に遵い歯に譲り」や、「莘莘たる冑子、祁祁たる学生」というように、年齢による序列や冑子が意識されていることである。魏では見られないが、西晋の釈奠ではすでに歯冑と関連する考え方が頌に残されているのである。

さらに、『初学記』巻十四の釈奠に引く何承天「釈奠頌」には、

乃ち昔孔・顔、周を夢み虞を希う。天より美より、代を異にするも符を同じうす。修を経て治を講じ、幾を研《きわ》め理を識る。貴を道《おも》い業を崇び、尊を降して歯を尚ぶ。

乃昔孔顏、夢周希虞。自天由美、異代同符。經修講治、研幾識理。道貴崇業、降尊尚齒。

とある。何承天は、初め東晋に仕え、後に宋に仕えた人物で、元嘉十九（四四二）年、宋に国子学が立てられると、国子博士を兼任し、釈奠に参加している。よってこの釈奠はおそらく元嘉二十二年の太子劭の時におこなわれたものであったと推測される。歯についての考え方も、潘尼の釈奠頌と違いはない。

また冑子についても、同じく『初学記』巻十四の釈奠に引く傅咸の皇太子「釈奠頌」には、

亹亹《びび》たる皇儲、闕里に希心す。済済たる儒生、侁侁たる冑子。

亹亹皇儲、希心闕里。濟濟儒生、侁侁冑子。

とある。冑子も釈奠頌にはしばしばきまり文句として見られており、歯と冑子が釈奠には欠かせないものであった。唐では、歯と冑子は歯冑という言葉として正史に出現するが、それは様々な身分の後継者たる長子（冑子）たちが学に入る際に、それぞれの身分ではなく年齢によって序列が決まること（歯）を示す礼であり、皇太子もこれに準ずるものであった。前述したように、『大唐開元礼』に示されている儀式次第からみると、釈奠は入学の礼である。『礼記』王制の記述から、入学の際の心構えとして、歯冑の考え方は当然晋や南朝・唐の人々にあったと考えられる。釈奠と歯冑は厳密にいえば、本来別々の儀礼である。つまり釈奠が入学の儀礼とすれば、歯冑は入学してから守るべき礼である。歯冑は入学すれば当然のように守られるべき礼であったために、唐より以前では話題になることはほとんどなかったのである。歯冑はあくまで学ぶ際に求められる礼であり、歯冑と釈奠の関係が、北朝では管見の限り見受けられないにもかかわらず、唐になってそれを取り上げたことに興味深い点があるといえるのである。

この節の初めに、唐代では、釈奠礼と歯冑礼が同義であるかのように述べられていることを取り上げた。よって次に唐の歯冑と皇太子の関係について考察していきたい。

二　唐における歯冑と釈奠

唐代では皇太子に関連して、歯冑の語が度々見られるようになる。特に唐代においての歯冑の意義を的確に示しているのは、太宗の最初の皇太子であった李承乾を諫めて述べられたものである。

（貞観）十三（六三九）年、又上書して諫めて曰く、「臣聞くならく周公は大聖の材を以て、猶お握髪吐飧し、白屋を引納するがごとし。而して況んや後の聖賢、敢えて斯の道を軽んずるをや。是を以て礼　皇太子学に入らば歯冑を行うを制め、太子をして君臣・父子・長幼の道を知らしめんと欲す。然らば君臣の義・父子の親・尊卑の序・長幼の節、之を方寸の内に用い、之を四海の外に弘め、皆行いに因りて以て遠聞し、言を仮りて以て光被せんとす。（中略）臣恐るらくは殿下の敗徳の源、此れに在り。」と。承乾並びに納るること能わず。（『旧唐書』巻七五、張玄素伝）

十三年、又上書諫曰、「臣聞周公以大聖之材、猶握髪吐飧、引納白屋。而況後之聖賢、敢輕斯道。是以禮制皇太子入學而行齒冑、欲使太子知君臣・父子・長幼之道。然君臣之義・父子之親・尊卑之序・長幼之節、用之方寸之内、弘之四海之外、皆因行以遠聞、假言以光被。（中略）臣恐殿下敗德之源、在於此矣。」承乾並不能納。

また『冊府元亀』巻二六一、儲宮部、褒寵には、

皇太子承乾　抗表して詔に謝す。答えて曰く、「汝は家の冢嫡にして、国の儲両なり。故に斯の命有り、以て殊有るを彰かにせんとす。学に入り歯冑するは、則ち君臣の義なり。」

皇太子承乾抗表謝詔。答曰、「汝家之冢嫡、國之儲兩。故有斯命、以彰有殊。入學齒冑、則君臣之義也。」

とある。これは張玄素と太宗が皇太子承乾を諫めたものである。これらから皇太子が学に入り歯冑をおこなう

ことは、君臣・父子・長幼の道を天下に知らしめ、それによって皇太子の権威を高めようとしていたことがわかる。そもそも君臣・父子・長幼の節を備えていることは、皇帝にとって重要なことであった。『礼記』文王世子には、

是の故に人の子為るを知りて、然る後以て人の父為るべく、人の臣為るを知りて、然る後以て人の君為るべく、人に事うるを知りて、然る後能く人を使う。成王幼にして、阼に涖《のぞ》む能わず、以て世子と為さば、則ち為す無きなり。是の故に世子の法を伯禽に抗げて、之をして成王と居らしむ。成王をして父子・君臣・長幼の義を知らしめんと欲するなり。

是故知爲人子、然後可以爲人父、知爲人臣、然後可以爲人君、知事人、然後能使人。成王幼、不能涖阼、以爲世子、則無爲也。是故抗世子法於伯禽、使之與成王居。欲令成王之知父子・君臣・長幼之義也。

とあり、人の子である道を知ることで、人の父であることができ、人の臣である道を知ることで、人の君であることができるのであって、それゆえに次期皇帝である皇太子には、父子・君臣・長幼の義を備えていることが重要であるとされていたのである。前述の張玄素と太宗の言は明らかにこの『礼記』の文王世子をもとに述べたものであり、唐代においても、皇太子にとって重視されるべきものであったと考えられる。

さらに、『礼記』文王世子には、

一物を行いて三善皆な得る者は、唯だ世子のみ。其の学に歯するの謂なり。故に世子　学に歯すれば、国人之を観て、曰く、「将に我に君たらんとす。而るに我と歯し譲るは、何ぞや。」と。曰く、「父在《いま》す有れば則ち礼　然するなり。」と。然りて衆　父子の道を知る。其の二に曰く、「将に我に君たらんとす、而るに我と歯し譲るは、何ぞや。」と。曰く、「君在す有れば則ち礼　然するなり。」と。然りて衆　君臣の義

に著かなるなり。其の三曰く、「将に我に君たらんとす、而るに我と歯し譲るは、何ぞや。」と。曰く、「長を長とするなり。」と。然りて衆　長幼の節を知る。故に父在れば斯に子為り、君在れば斯に之を臣と謂う。子と臣との節に居るは、君を尊び親を親しむ所以なり。故に之に父子為るを学え、之に長幼為るを学う。父子・君臣・長幼の道得て而して国治まる。

行一物而三善皆得者、唯世子而已。其齒於學之謂也。故世子齒於學、國人觀之、曰、「將君我。而與我齒讓、何也。」曰、「有父在則禮然。」然而衆知父子之道矣。其二曰、「將君我、而與我齒讓、何也。」曰、「有君在則禮然。」然而衆著於君臣之義也。其三曰、「將君我、而與我齒讓、何也。」曰、「長長也。」然而衆知長幼之節矣。故父在斯爲子、君在斯謂之臣。居子與臣之節、所以尊君親親也。故學之爲父子焉、學之爲君臣焉、學之爲長幼焉。父子・君臣・長幼之道得而國治。

とあり、君主の世子（跡継ぎ）が、学校において他の人と交流する際、年齢によってのみ等差を設け、身分の上下を言わないことが良いことであるとされている。そしてそれを為すことによって、父子の道、君臣の義、長幼の節を備えることに繋がることを述べているのである。このことから、歯冑を徹底することで、皇太子に必要な父子・君臣・長幼の道を備えていることに繋がるのである。唐代において歯冑を強調することになったのは、当時皇帝の即位に、皇帝たる素質がそれ以前の王朝よりも重要であったことと無関係ではないだろう。だからこそ、唐代では、皇太子が次期皇帝にたる人物であることを強調するために、釈奠において守られるべき礼である、歯冑が強調され、それが釈奠とほぼ同意義で使われることになったのである。

この歯冑は立太子の時にも、言及されている。『唐大詔令集』巻二八、冊代王為皇太子文には以下のようにある。

維れ永徽七（六五六）年、歳は景辰に次《やど》り、正月景寅朔、六日辛未。（中略）朕虔《つつし》んで霊図を奉じ、夙に丕業を膺《う》く。仰ぎて七廟の重きを惟《おも》い、思いて万葉の慶を隆くす。列辟に疇咨し、前修を欽若す。是を用て爾に命じて皇太子と為す。往《ゆ》け欽《つつし》めや。爾其れ祇だ憲章を奉り、率いて軌度に由り、謙恭を歯冑に尽くし、方俗を迎郊に審らかにせよ。

維永徽七年、歳次景辰。正月景寅朔、六日辛未。（中略）朕虔奉靈圖、夙膺丕業。仰惟七廟之重、思隆萬葉之慶。疇咨列辟、欽若前修。是用命爾爲皇太子。往欽哉。爾其祗奉憲章、率由軌度、盡謙恭於齒冑、審方俗於迎郊。

唐の永徽七年に、高宗の五子で代王であった弘が立太子されることになり、その時の詔勅に皇太子として歯冑を謙恭にするように述べられている。

これだけでなく、唐代では、重俊（節愍太子）の名誉回復のためにおこなわれた冊贈や、立太子などにも歯冑の文字がしばしば見られるのである(21)。皇太子は歯冑を大事なものとして、その歯冑を百官の前で儀礼としてみせることで、皇太子自身の正統性を主張したと考えられる。

釈奠には百官が参加していた。一般的に上に立つべきである皇太子が釈奠をおこない、その中で、身分ではなく、年齢によった序列に従って、歯冑の礼を百官の前でおこなうことで、長幼を重視することができる立派な人物であることを証明し、立派な皇太子像を顕示したのである。

これこそが、唐代の釈奠であり、唐代において歯冑という言葉が出現し重視された理由なのである。唐は他の王朝と比べ、皇太子の廃立が多い。このことは唐の皇太子の地位が非常に不安定であったことを示す。唐代で歯冑礼が特に重要視されたことは、皇太子が他の皇子よりも後継者にふさわしいことを百官に示すためであったと推測される。

唐代において皇太子による釈奠が重要であったことは、玄宗の二度の釈奠からもわかる。玄宗は睿宗即位とともに立太子され、翌年景雲二年八月に釈奠をおこなっている。そしてその翌年二月、つまり六ヵ月後には二度目の釈奠に臨んでいる。一度目の釈奠は立太子にともなっておこなわれたもので、他の釈奠と同様である。二度目の釈奠は、おそらく睿宗の譲位に由来する。玄宗は、睿宗から皇帝位を譲位されるという形で皇帝に即位している。譲位という一般的ではない帝位継承であったからこそ、権威をより高めるためにも二度釈奠をおこなったと考えられる。[22]

また南朝においても、釈奠は百官を意識したものであった。南朝では、釈奠をおこなった六人の内、陳朝の皇太子を除く四人の皇太子が監国など政治に深く関与している。[23]しかも監国は釈奠の後におこなわれており、さらに早い段階から釈奠がおこなわれるのは、釈奠が皇太子としての役割を果たせることを百官に印象付けるものであったと考えられるのである。監国は分裂期という混乱の時代にある皇太子にとって重要な役割の一つであった。斉の長懋（文恵太子）と梁の簡文帝（皇太子の時）の釈奠が他の皇太子と比べて年齢が高いのも、これが理由であると考えられる。

ところで、宋代になると、歯冑は皇太子による釈奠を指す言葉として定着するようになる。『宋史全文』巻三六、宋理宗には、宋の歯冑について述べられている。

（景定元［一二六〇］年）内に批すらく、「虎闈の歯冑は、太子の事なり。此の礼固より已に廃すこと久し、釈奠舎菜の事は、我が朝倶に未だ之を廃さざるが如きなり。然るに師に享し道を敬うは、又た旧制に拘るべからず。来年正月日を択び太子をして先聖に謁拝せしむべし。」と。

内批、「虎闈歯冑、太子事也。此禮固已廢久、如釋奠舍菜之事、我朝倶未之廢。然享師敬道、又不可拘舊制。可來年正月擇日令太子謁拜先聖。」

虎闈とは国子学のことであるが、これによると、宋では歯冑が廃され、「釈奠舎菜の事」はまだ廃したことがないと述べる。「舎菜」とはつまり釈奠のことである。[24] 唐代で同義であるかのように述べられていた歯冑と釈奠は宋代では分けて述べられている。皇太子以外がおこなう釈奠については、『旧唐書』巻二四、礼儀志に、

（貞観）二十一（六四七）年、詔して曰く、「左丘明・卜子夏・公羊高・穀梁赤・伏勝・高堂生・戴聖・毛萇・孔安国・劉向・鄭衆・杜子春・馬融・盧植・鄭玄・服虔・何休・王粛・王弼・杜預・范甯・賈逵総じて二十二座とし、春秋二仲、釈奠の礼を行う。」と。初め、儒官を以て自ら祭主と為し、直だ博士の姓名のみ云い、先聖に昭告す。

二十一年、詔曰、「左丘明・卜子夏・公羊高・穀梁赤・伏勝・高堂生・戴聖・毛萇・孔安國・劉向・鄭衆・杜子春・馬融・盧植・鄭玄・服虔・何休・王肅・王弼・杜預・范甯・賈逵総二十二座、春秋二仲、行釋奠之禮。」初、以儒官自爲祭主、直云博士姓名、昭告于先聖。

とあり、常祭としておこなわれていた。つまり、宋代においては、皇太子がおこなう釈奠を歯冑といい、常祭として担当官庁がおこなう孔子祭を釈奠として、呼び分けているのである。また、『冊府元亀』を見ても、儲宮部に歯冑の項目があり、そこで取り上げているものは全て皇太子の釈奠についてである。

しかし皇太子による釈奠、つまり歯冑は、唐の玄宗の皇太子瑛を最後にほとんどおこなわれることはなくなり、孔子祭祀としての釈奠だけが、現在も存在しているのである。

おわりに

釈奠が魏晋時代におこなわれるようになったのは、松浦氏がいうように、皇太子の後継者としての正当性を儀礼的象徴によって表示しようとしたことにある(25)。

南朝になると皇太子の多くは監国や政務に関わる前に釈奠をおこなうようになる。北朝という敵国が隣接しているということは、国内の混乱が滅亡へと繋がる可能性があるため、皇帝に有事の時、後継者である皇太子の存在は非常に重要であった。つまり南朝は、釈奠によって皇太子が実権を担えるだけの知識があることを百官に示し、有事に備えたのである。

時代が下り、唐の皇太子による釈奠は、学に入る礼(=釈奠)ではなく、学に入るために守るべき礼であった歯冑を取り上げて、皇太子が皇帝になるための権威付けとして意識されるようになっていった。歯冑は長幼の序を尊ぶということを表し、身分の高い皇太子が、身分ではなく年齢による序列に従うものであった。この重要性は、『礼記』にすでに取り上げられており、年齢による序列に従うことで、次期皇帝に必要である父子の道、君臣の義、長幼の節を備えることに繋がることを示したのである。そしてそれを百官の前でおこなうことで、皇太子が後継者たる資質が備わっていることを顕示することができたのである。

唐という統一王朝が成立し、皇太子の必要性は南朝に比べて低くなっていく。その中で皇太子の権威も低下していき、皇太子の廃立が頻発した。唐の皇太子は他の王朝と比べても廃立が多く、その地位は非常に不安定なものであった。それを表す史料が、『旧唐書』巻九五、譲皇帝憲伝にみえる。

睿宗践祚するに、左衛大将軍に拝せらる。時に将に儲貳を建てんとし、成器の嫡長なるを以てするに、而るに玄宗　韋氏を討平するの功有れば、意久しく定まらず。成器辞して曰く、「儲副なるものは、天下の公器なり。時平たれば則ち嫡長を先にし、国難たれば則ち功有るに帰す。若し其の宜を失えば、海内失望し、社稷の福に非ず。臣今敢えて死を以て請わん。」と。

睿宗踐祚、拜左衛大將軍。時將建儲貳、以成器嫡長、而玄宗有討平韋氏之功、意久不定。成器辭曰、「儲副者、天下之公器、時平則先嫡長、國難則歸有功。若失其宜、海内失望、非社稷之福。臣今敢以死請。」

ここでは、睿宗の嫡長子である成器が皇帝となるべきであったが、韋后の簒奪を防いだ功績によって三子であった隆基が立太子されているのである。確かにここでは様々な政治的暗躍があったかもしれないが、皇太子を選ぶ際に、功績が理由になっているということは確かである。立太子の理由が功績に帰されるのであれば、他の皇子でも皇太子になれる可能性は充分にあった。よって歯冑の礼を百官の前で示すことで、皇太子自身が他の皇子よりも後継者たるにふさわしいということを天下にアピールする必要があったのである。そのため、唐代はそれ以前と比べ釈奠をおこなう皇太子の年齢が高かったと考えられる。

皇太子による釈奠は、皇太子が天下に次期皇帝たるにふさわしいことを示すものであった。皇太子であるだけで尊いものであったその地位は、魏晋南北朝を経て、次第に功績や実務能力などが重視されるようになっていった。それが唐代の皇太子の地位にどのような影響を及ぼすことになるのか。章を改めて考察したい。

注

（1）多賀秋五郎『唐代教育史の研究—日本学校教育の源流—』（不昧堂書店、一九五三年）、高明士『唐代東亜教育圏的形成

―東亜世界形成史的一側面』（国立編訳館中華叢書編審委員会、一九八四年）、朱溢『事邦国之神祇―唐至北宋吉礼変遷研究』（上海古籍出版社、二〇一四年）。その他にも日本の釈奠を唐代の釈奠から理解する研究もある。代表的なものは、弥永貞三「古代の釈奠について」（一九七二年初出。『日本古代の政治と史料』高科書店、一九八八年所収）、がある。

(2) 松浦千春「魏晋南朝の帝位継承と釈奠儀礼」（『東北大学東洋史論集』九、二〇〇三年）。

(3) 松浦氏前掲論文、一八一頁。

(4) 岡部毅史「梁簡文帝立太子前夜―南朝皇太子の歴史的位置に関する一考察―」（『史学雑誌』一一八―一、二〇〇九年）。

(5) 『宋書』（中華書局、一九七四年）の校勘記に従って補う。

(6) 古勝隆一「釈奠礼と義疏学」（二〇〇一年初出。『中国中古の学術』研文出版、二〇〇六年所収）、「南斉の国学と釈奠」（二〇〇五年初出。同じく『中国中古の学術』研文出版、二〇〇六年所収）、保科季子「漢代における経学講論と国家儀礼―釈奠礼の成立に向けて―」（『東洋史研究』七四―四）。

(7) 松浦氏前掲論文、一七二頁。

(8) 岡安勇「中国古代史料に現われた席次と皇帝西面について」（『史学雑誌』九二―九、一九八三年）、十七頁。

(9) 『魏書』巻六七、崔光伝。正光元年冬、賜光几杖・衣服。二年春、粛宗親釋奠國學、光執經南面、百僚陪列。『魏書』巻八四、儒林伝。正光二年、乃釋奠於國學、命祭酒崔光講孝經、始置國子生三十六人。曁孝昌之後、海内淆亂、四方校學所存無幾。永熙中、復釋奠於國學、又於顯陽殿詔祭酒劉廞講孝經、黄門李郁説禮記、中書舍人盧景宣講大戴禮夏小正篇、復置生七十二人。

(10) 『魏書』巻八四、儒林伝。永熙中、復釋奠於國學、又於顯陽殿詔祭酒劉廞講孝經、黄門李郁説禮記、中書舍人盧景宣講大戴禮夏小正篇、復置生七十二人。及遷都於鄴、國子置生三十六人。

(11) 『新唐書』巻十四、礼楽志。皇帝視學、設大次于學堂後、皇太子次于大次東。『大唐開元礼』巻五二、皇帝皇太子視學。

(12) 多賀氏前掲論文、二六―三〇頁。高明士前掲論文、二〇九頁。

(13) 『大唐開元礼』巻五三、皇太子釈奠於孔宣父。典設郎設皇太子便次於廟東、西向、又設便次於學堂之後、隨地之宜。

(14) 『大唐六典』巻二一、太学博士に、「其束脩之禮、督課・試擧、如國子博士之法。」とあり、四門博士、律学博士、書学博士、算学博士も同様である。

(15) 皇子は相者が引き、学生は賛礼が引く。また奠るものも、皇子は脩とあるものが、学生では脯とされている箇所があるだけである。意味は同じであり、皇子と学生で大きな差異はない。

(16) 『三国志』巻四、高貴郷公紀には、高貴郷公が太学で『易』や『尚書』、『礼記』について儒学者と議論をおこなった様子が残されている。

(17) 古勝氏前掲論文では、釈奠が入学の儀であったことを注で述べている。しかしその根拠は全く述べられていない。
(18) 松浦氏前掲論文、一八一頁。
(19) 蓋金偉『漢唐官学学礼研究』博士論文（華東師範大学、二〇〇七年）、第二章「釈奠礼、歯冑礼」、九四頁。
(20) 古勝氏前掲論文、三一二頁。
(21) 『唐大詔令集』巻三一、節愍太子諡冊文。皇帝若曰、咨爾故皇太子重俊、業隆繼體、才膺守器、辨日高視晉儲、防年遐呑漢兩、撫軍監國、皇基攸固、齒冑問安、聖圖惟永、頃以讒邪浸潤、恩禮疎薄、外迫伊戻之謀、中啓驪姫之譖、彼則兇計斯甚、搖動元良、爾乃誠心密運、掃除悖徳、興晉陽之甲、以罪荀寅、擁漢闕之兵、而誅趙虜云々。
(22) 『旧唐書』巻七、睿宗紀。（景雲二年八月）丁巳、皇太子釋奠于太學。
『旧唐書』巻七、睿宗紀。（景雲三年二月）丁亥、皇太子釋奠於國學。
(23) 劉宋の劉劭は、元嘉二二年（四四五）に釈奠をおこない、その四年後の元嘉二六年（四四九）に監国をおこなっている。（『宋書』巻十五、礼志。（元嘉）二十六年二月己亥、上東巡。（中略）其時皇太子監國、有司奏儀注。）
南斉の長懋（文恵太子）は、永明三年（四八五）に釈奠をおこなっており、これは立太子されて三年後である。文恵太子については監国の記載は見られないが、『南斉書』巻二一、文恵太子伝に、「太子年は過立より始め、久しく儲宮に在り、政事に参《まじ》わるを得れば、内外の百司、咸な旦暮継体と謂う（太子年始過立、久在儲宮、得參政事、内外百司、咸謂旦暮繼體）。」と述べられており、立太子後まもなく釈奠をおこない、その後政事に関わっていたことがわかる。

梁の統（昭明太子）は、『梁書』巻八、昭明太子伝に、「太子元服を加えてより、高祖便ち万機を省《み》しむ（太子自加元服、高祖便使省萬機）。」とある。統の元服は天監十四年（五一五）で、釈奠の六年後である。

同じく梁の簡文帝は、統が薨じた後に急遽皇太子となっており、武帝の在位期間が長く、立太子されたときすでに三十九歳であった。そのためか彼は、『陳書』巻三二、殷不害伝に、「（大同五年［五三九］）是時朝廷の政事多く東宮に委ね（是時朝廷政事多委東宮）。」とあるように、早くとも大同五年には政務に関与していた。釈奠は大同七年（五四一）におこなっている。
(24) 『礼記』月令には、「天子乃帥三公・九卿・諸侯・大夫親往視之。仲丁、又命樂正入學習舞。」とあり、その疏に、「以大胥云「舍菜合舞」、舍卽釋、故知釋菜在合舞之前。」とあって、舎菜は釈菜であることがわかる。釈菜については、『礼記』文王世子に、「始立學者、既興器用幣、然後釋菜。不舞不授器。」とあり、その注に、「釋菜禮輕也。」とあることから、釈菜は釈奠よりも軽い礼であると考えられていた。
(25) 保科氏は前掲論文で、「少年皇帝・皇太子が自ら講論することによって天下に顕示されるべきものは、皇帝たる資質や帝位継承の正統性ではなく、天子による教化という、儒教に基づく中国皇帝政治の理念そのもの（二四頁）」であると述べ、松浦千春氏の論を否定している。確かに釈奠には「天子による教化」という理念があっただろう。しかし西晋の皇太弟・皇太孫の出現や南朝の皇太子の権力の拡大と、釈奠の記載がほぼ同時期に現れていることは、やはり釈奠が「天子による教化」以上の役割があったと考える。

第三章　唐代における皇太子号と皇帝号の追贈

——功績重視の皇太子位

はじめに

前章までは魏晋南北朝時代から唐までの東宮官や皇太子に関する儀礼を確認し、皇太子の存在が西晋において変化し始め、南北朝時代という混乱期を経てその変化が確立していく様子について述べてきた。本章では唐代において皇太子位がどのように認識されていったのかについて考察をおこなう。まずは『新唐書』・『旧唐書』の両『唐書』に目を向けてみよう。

『新唐書』・『旧唐書』には、皇太子が多く立伝されている。他の正史の列伝と比べてみても、その差は歴然である。通常、皇太子はいずれ皇帝に即位するため、皇太子として立伝されることはない。では、なぜ両『唐書』には、皇太子が多く立伝されているのか。その理由は死後の追贈にある。隋以前でも、即位する前に皇太子が薨去した場合、その者は皇太子として立伝されていた[1]が、唐代では皇太子以外の皇族にも皇太子号を追贈しているのである。このような例はそれ以前にはみられない。前述しているように、そもそも皇太子とは、『白虎通疏証』巻三、封公侯に、

国在りて太子を立つるは、簒煞を防ぎ、臣子の乱を圧うるなり。

國在立太子者、防簒煞、壓臣子之亂也。

とあり、簒奪や家臣の反乱を防ぐために立てられるものであった。しかし、逝去した者に皇太子号を追贈することは、この意に沿わない。ならば皇太子号の追贈は、なぜおこなわれるのだろうか。

皇太子号の追贈が初めて明確に見られるのは、西晋の愍懐太子遹である。[2]『晋書』巻五三、愍懐太子遹伝には、

恵帝即位するや、立てて皇太子と為す。（中略）詔して広陵王の礼を以て之を葬る。（中略）賈庶人死するに及び、乃ち劉振・孫慮・程據等を誅し、太子に冊復す。

恵帝卽位、立爲皇太子。（中略）詔以廣陵王禮葬之。（中略）及賈庶人死、乃誅劉振・孫慮・程據等、冊復太子。

とある。彼は当時権力を握っていた賈皇后に殺され、広陵王として葬られた。しかし、賈皇后の死後、名誉を回復され、再び皇太子に冊立されている。このような例は、唐代にもみられ、高宗の子であった章懐太子賢は、当時皇后であった則天武后に自殺を迫られた。『旧唐書』巻八六、章懐太子賢伝には以下のようにある。

章懐太子賢、字は明允、高宗の第六子なり。（中略）立てて皇太子と為し、天下に大赦し、尋いで監国せしむ。（中略）調露二（六八〇）年、崇儼　盗の殺す所と為り、則天　賢の為す所を疑う。俄に人をして其の陰謀の事を発せしめ、詔して中書侍郎薛元超・黄門侍郎裴炎・御史大夫高智周と法官をして之を推鞫せしめ、東宮馬坊に皁甲数百領を捜し得、乃ち賢を廃して庶人と為し、別所に幽す。永淳二（六八三）年、巴州に遷す。文明元（六八四）年、則天臨朝し、左金吾将軍丘神勣をして巴州に往き賢宅を検校せしめ、以て外虞に備う。神勣　遂に別室に閉じ、逼りて自殺せしむ。年三十二。則天　顕福門に挙哀し、神勣を貶し疊州刺史と為し、賢を追封して雍王と為す。（中略）睿宗践祚し、又た皇太子を追贈し、諡して章懐と曰う。

章懷太子賢、字明允、高宗第六子也。（中略）立爲皇太子、大赦天下、尋令監國。（中略）調露二年、崇儼爲盜所殺、則天疑賢所爲。俄使人發其陰謀事、詔令中書侍郎薛元超・黄門侍郎裴炎・御史大夫高智周與法官推鞫之、

於東宮馬坊捜得皁甲數百領、乃廢賢爲庶人、幽于別所。永淳二年、遷於巴州。文明元年、則天臨朝、令左金吾將軍丘神勣往巴州檢校賢宅、以備外虞。神勣遂閉於別室、逼令自殺。年三十二。則天擧哀於顯福門、貶神勣爲疊州刺史、追封賢爲雍王。（中略）睿宗踐祚、又追贈皇太子、謚曰章懷。

章懐太子賢は、先に皇太子であった李弘の薨去後に立太子された。しかし則天武后によって、李賢は皇太子を廃され、自害に追い込まれた。死後は雍王として葬られたが、睿宗の即位に当たって、名誉回復され、皇太子号を追贈されたのである。

このように西晋の愍懐太子と唐の章懐太子は、皇后によって皇太子を廃され死去し、王として葬られている。その後、それぞれ皇后が崩御すると、名誉回復され皇太子を追贈されることになるのである(3)。

このような例は、もともと皇太子であった者に対して、名誉回復により皇太子号を追贈したものである。だが唐代では、生前に立太子されていない皇子に対しても、皇太子号・皇帝号を追贈する例が見られる（表五参照）。両『唐書』において皇太子の列伝が多く見られる理由は、ここにあるのである。しかも、一度も立太子されていない皇子に皇太子号・皇帝号を追贈する先例はこれまでなかったにもかかわらず、それを批判する官僚は、ほとんどいなかった。

この皇太子号の追贈について初めて取り上げたのが、清代の代表的な考証学者の趙翼である。趙翼は唐代の太子追贈について、広く事例を挙げ、所見を述べたが、特に一度も立太子されていない皇子に対する皇太子号・皇帝号追贈については、礼に背くものであると批判している(4)。

さらに最近では喬鳳岐氏が、唐代皇太子の謚号から皇太子号について言及している。喬鳳岐氏は、唐代で盛んにおこなわれた太子への謚号を詳細にまとめ、唐代の太子の謚法は、生前の業績や性格を評価するものであったことから、宗室の教育手段として有効であったと述べる。(5) 氏の研究はあくまで諡号の意義であり、皇太子号・皇帝号がどのように、なぜ追贈されたかについては論究されていない。

本章では特に、立太子されていない皇子に対して皇太子号・皇帝号の追贈が唐代においておこなわれるようになったことに着目したい。このことが、唐代とそれ以前とで皇太子観の変化があったことを示唆していると思われるからである。

まず、皇太子号・皇帝号追贈の詔勅を整理し、唐代の皇帝が追贈をおこなった経緯を考察する。そして皇太子号・皇帝号を追贈された皇子と、それ以外の追贈がおこなわれた皇子とを比較することで、当時の皇太子位がどのような位置づけであったかについて検討を試みたい。

第一節　高宗・玄宗による皇帝号・皇太子号の追贈

一　高宗による皇帝号の追贈

最初に皇帝号を追贈されたのは、高宗の第五子で、則天武后との間に長子として生まれた李弘である。『旧唐書』巻八六、孝敬皇帝弘伝には、

孝敬皇帝弘、高宗の第五子なり。永徽四（六五三）年、代王に封ぜらる。顕慶元（六五六）年、立てて皇太子と為り、大赦改元す。（中略）上元二（六七五）年、太子従いて合壁宮に幸し、尋いで薨ず。年二十四。

孝敬皇帝弘、高宗第五子也。永徽四年、封代王。顯慶元年、立爲皇太子、大赦改元。（中略）上元二年、太子従幸合璧宮、尋薨、年二十四。

とあり、顕慶元年に立太子され、その十九年後に二十四歳で薨去していることがわかる。李弘は皇太子のまま薨去しているため、普通は皇太子として立伝されるはずである。しかし、彼はその死後、父である高宗から皇帝号を追贈される。その根拠については、『旧唐書』巻八六、孝敬皇帝弘伝に以下のようにある。

制して曰く、「（中略）庶わくは其れ痊復し、以て鴻名を禅らんことを。腠理微和するに及び、将に位を遜らんとす。（後略）」と。

制曰、「（中略）庶其痊復、以禪鴻名。及腠理微和、將遜于位。（後略）」

ここで、高宗は李弘の病が癒えれば、皇帝位を彼に譲るつもりであったことを述べている。これは詔勅であり、譲位が高宗の本心だったかどうかはわからない。しかし高宗に譲位の意思があったことが、皇帝号を追贈する根拠となっているのは確かであろう。李弘は一度も帝位につかなかったにもかかわらず、皇帝号を追贈され、さらに廟号も贈られている。李弘以後も皇帝号を追贈された者はいるが、義宗という廟号まで贈られたのは彼だけである。李弘は一時的とはいえ太廟に祔されており(6)、他の皇子に対する追贈とはやや異なってはいる。だがこの追贈は、唐代、ひいては中国史において、皇族に対する皇太子号・皇帝号の追贈の嚆矢となったという意味で重要である。

高宗以後、次に名誉回復以外の追贈をおこなったのは、玄宗である。

二　玄宗による皇太子号・皇帝号の追贈

玄宗は、唐代において皇太子号を最も多く追贈した皇帝で、五人の兄弟の内、四人に皇太子号もしくは皇帝号を追贈している(7)。まず、玄宗の兄で、皇太子号を追贈された李撝から確認していきたい。

李撝は睿宗の第二子で、柳氏との間に生まれた。則天武后が帝位につく前の、垂拱三（六八七）年に恆王に封じられ、睿宗即位後には、申王となっている。その後、様々な官職を経て、開元十二年に病によって薨去している。『旧唐書』巻九五、恵荘太子撝伝には、

（開元）十二（七二四）年、病みて薨ず。恵荘太子を冊贈し、橋陵に陪葬せらる。

十二年、病薨。冊贈恵荘太子、陪葬橋陵。

とあり、病没後に恵荘太子を追贈されていることがわかる。『唐大詔令集』巻三二、追贈、申王贈恵荘太子制に、

百寮に具瞻せられ、儀　列辟に刑《のっと》ると謂うべし。朕は将に永く兆庶を康んずるに、方に友于に自らんとす。天は憖遺せず、奄かに薨逝するに従い、永く仁範を惟い、哀慟纏懐す。用て非常の栄を表し、少や天倫の戚に寄る。恵荘太子を追贈すべし。

可謂具瞻百寮、儀刑列辟。朕将永康兆庶、方自友于。天不憖遺、奄従薨逝、永惟仁範、哀慟纏懐。用表非常之榮、少寄天倫之戚。可追贈恵荘太子。

とあり、百官はこれまでの皇子と同様に葬るように進言したが、玄宗は万民を治める際に「友于」を重視しており、その「友于」を表すために李撝に対して「非常の栄」である皇太子号の追贈をおこなうことを決断した

ことがわかる。この「友于」については、弟である李範に対してもみられる。

李範は睿宗の第四子であり、李撝薨去の二年後の開元十四（七二六）年に病によって薨去し、同年に恵文太子を追贈されている。『唐大詔令集』巻三二、冊贈、恵文太子冊文には、

夫れ礼は情を以て体と為し、追遠の数を増さんと欲し、行は名を以て尊び、是れ褒徳の軌を図る。故に茲の茂典を択び、崇ぶに上嗣を以てし、言《ここ》に逝く者を念い、用て友于を申す。今工部尚書摂太尉盧従愿を遣わし節を持し王に冊して恵文太子と為す。

夫禮以情爲體、欲增追遠之數、行以名而尊、是圖褒德之軌。故擇茲茂典、崇以上嗣、言念逝者、用申友于。今遣工部尚書攝太尉盧從愿持節冊王爲惠文太子。

とあり、ここでは、李範を思い偲ぶために上嗣、つまり皇太子号を追贈したことが述べられている。そしてここでも「友于」が取り上げられている。このように、玄宗が兄弟に対しておこなった追贈には、全て「友于」の文字がみられるのである。この「友于」とはどういう意味なのか。『尚書』君陳には、

惟れ孝に、兄弟に友に、克く有政に施す。

惟孝、友于兄弟、克施有政。

とあり、兄弟の仲がよいことを意味している。後には兄弟が省略され、友于だけで使われるようになった(8)。では、実際に玄宗とその兄弟との関係はどのようなものだったのか。

『新唐書』巻八一、譲皇帝憲伝には、玄宗の兄弟の関係について以下のようにある。

諸王は日ごとに側門に朝し、既に帰れば、即ちに楽を具え縦に飲み、撃毬・闘雞し、鷹犬を馳せて楽と為す。是くの如く歳月絶えず、至る所輒ち中使の労賜相踵ぎ、世に天子の友悌、古に有る者無しと謂う。帝敦睦に於いて蓋し天性の然たり。讒邪　其の間を乱すと雖も、卒に以て揺らぐこと無し。

諸王日朝側門、既歸、卽具樂縱飮、擊毬・鬭鷄、馳鷹犬爲樂。如是歳月不絶、所至輒中使勞賜相踵、世謂天子友悌、古無有者。帝於敦睦蓋天性然。雖讒邪亂其間、而卒無以搖。

玄宗は兄弟に対して「友于」を重視し、それを根拠に追贈をおこなっているが、実際においても兄弟の仲がよかったことは有名であった。

いかなる時代でも、皇子同士による後継者争いは絶えない。唐代の初めに太宗が玄武門の変において、兄の李建成と弟の元吉を誅殺したことは、当時の人の記憶に刻まれていたであろう。そのため、兄弟関係がよいことは、皇子にも求められるようになっていったのではないか。当時の皇帝にとって兄弟関係の良さを強調することが、政権を維持する上で重要な要素であったと考えられる。その一方で、玄宗は兄弟に対して行動に制限を加えている。『冊府元亀』巻一五八、帝王部、誡励には、

（開元十〔七二二〕年）九月、勅して曰く、「（中略）勲戚は褒厚の恩を極め、兄弟は友于の至を尽くす。務めて敦化を崇び、克く明徳を慎む。今小人孽を作し、已に憲章に抵たるも、恐るらくは不逞の徒、猶お未だ息むこと能わず。凡そ宗属に在りて、用て儆誡を申ぶ。今より以後、諸王公・駙馬・外戚等の家は、至親と除非する以外は、余人と交結するを得ず。其の卜祝占相及び非類悪人も、亦た遣りて門庭に出入し、妄りに言語を説くを得ざるは、共に至公の道を存し、永く雍和の化を協え、克く藩翰を固くし、以て厥の休を保つの所以なり。貴戚懿親、宜しく座右に書くべし。」と。

九月、勅曰、「（中略）勳戚極褒厚之恩、兄弟盡友于之至。務崇敦化、克愼明德。今小人作孽、已抵憲章、恐不逞之徒、猶未能息。凡在宗屬、用申懲誡。自今已後、諸王公・駙馬・外戚等家、除非至親以外、不得與餘人交結。其卜祝占相及非類惡人、亦不得遣出入門庭、妄説言語、所以共存至公之道、永協雍和之化、克固藩翰、以保厥休。貴戚懿親、宜書座右。」

とあり、諸王公・駙馬・外戚などは、占い師や悪人などの外部の人間と自由に交流できないように、玄宗は詔勅を下しているのである。実際に玄宗の弟である李範（恵文太子）は、好んで外部の人間と交流を持ったので、彼に関わった人物は降格されている。(9)玄宗は兄弟の仲のよさを強調する一方で、彼らの行動に規制を加えていたのである。

兄弟の行動に規制を加えながらも、兄弟仲を殊更に強調するのは、玄宗の皇位継承問題と関係していると考えられる。『旧唐書』巻九五、譲皇帝憲伝では、

時に将に儲貳を建てんとし、成器（憲）の嫡長なるを以てするも、而れども玄宗に韋氏を討平するの功有れば、意久しく定まらず。成器辞して曰く、「儲副なるものは、天下の公器なり。時平かなれば則ち嫡長を先にし、国難あらば則ち功有るに帰す。若し其の宜しきを失えば、海内失望し、社稷の福に非ず。臣今敢へて死を以て請わん」と。

時將建儲貳、以成器嫡長、而玄宗有討平韋氏之功、意久不定。成器辭曰、「儲副者、天下之公器。時平則先嫡長、國難則歸有功。若失其宜、海內失望、非社稷之福。臣今敢以死請。」

と記されている。玄宗は睿宗の第三子で、嫡長子は李憲（成器）であり、本来嫡長子である李憲が皇太子になるべきであったが、玄宗には韋皇后の政変を治めた功績があった。それは、中宗の皇后であった韋皇后が中宗

を殺害し、まだ幼かった子の李重茂を皇帝に即位させた時に、玄宗はこの動きを押さえ、父睿宗を即位に導いた、というものである。玄宗はこの功績により、兄で嫡長子の李憲から皇太子の位を譲られることとなった。

『旧唐書』巻九五、譲皇帝憲伝の詔勅には、

曽ち愸遺せず、奄かに焉れ殂歿す。友于の痛み、震慟良に深し。惟れ王、朕の元昆にして、上嗣に昇るに合《かな》う。朕先朝の睿略を奉じ、宗社の阽危を定むるを以て、推して居らず。（譲皇帝が）主鬯に予らんことを請い、又た慈旨を承くれば、焉くんぞ敢えて固く違わんや。然らずんば、則ち宸極の尊、豈に薄徳に帰さんか。茂行　此くの若くし、易名　是れ憑り、自ずから大号に非ざれば、孰か休烈に副わんや。謚法を按ずるに功を推し徳を尚ぶは「譲」と曰い、徳性寛柔は「譲」と曰う。敬んで追謚して譲皇帝と曰い、宜しく所司をして日を択び礼を備えて冊命せしむべし。

曾不憖遺、奄焉殂没。友于之痛、震慟良深。惟王、朕之元昆、合昇上嗣。以朕奉先朝之睿略、定宗社之阽危、推而不居。請豫主鬯、又承慈旨、焉敢固違。不然者、則宸極之尊、豈歸於薄德。茂行若此、易名是憑、自非大號、孰副休烈。按謚法推功尚善曰「讓」、德性寬柔曰「讓」。敬追謚曰讓皇帝、宜令所司擇日備禮册命。

とあり、この詔勅では、本来李憲が皇帝位を継ぐはずであったが、父睿宗の詔勅に逆らえず、玄宗自身が皇帝となった。そのため皇帝位を譲るというおこないがある李憲には、皇帝号がふさわしいということが、述べられている。また、この史料においても他の兄弟と同じく、「友于」の文字がみられるのがわかる。

このように、嫡長子を差し置いて立太子されるという形で皇帝となった玄宗は、兄弟に「非常の栄」である皇太子号を追贈することで彼らを悼んだことを示し、それによって兄弟同士、またその子ども達との間で争いが起こりえないということを示そうとしたのではないだろうか。

他にも玄宗は、兄や弟以外に二人の子にも皇太子号を追贈している。玄宗の第六子であった靖恭太子琬はその内の一人である。『旧唐書』巻一〇七、靖恭太子琬伝には、

（天宝）十四（七五五）年十一月、安禄山　范陽に反し、其の月、制して琬を以て征討元帥と為し、高仙芝を副と為し、仙芝をして河隴の兵募を徴し陝郡に屯し以て之を禦がしむ。数日にして、琬　薨ず。琬素より雅称有りて、風格秀整、時の士庶　琬の成功する所有るを冀うに、忽然として殂謝すれば、遠近咸な失望す。靖恭太子を贈り、見子西原に葬る。

十四年十一月、安祿山反於范陽、其月、制以琬爲征討元帥、高仙芝爲副、令仙芝徵河隴兵募屯於陝郡以禦之。數日、琬薨。琬素有雅稱、風格秀整、時士庶冀琬有所成功、忽然殂謝、遠近咸失望焉。贈靖恭太子、葬于見子西原。

とある。靖恭太子は征討元帥となっているが、実際に戦地に赴いたかどうかはわからない。また他の皇子と異なり、哀冊文や追贈に関する詔もないため、その詳細については不明である。

もう一人は、長子の靖徳太子琮である。『新唐書』巻二二三、李林甫伝には、

一日従容として曰く、「古は儲君を立つるに必ず賢徳を先にし、宗稷に大いに勲力有るに非ざれば、則ち元子に若くは莫し。」と。帝之を久しくして曰く、「慶王往年猟し、豽が為に面を傷つけらるること甚だし。」と。答えて曰く、「破面　破国に愈《まさ》らざらんか。」と。帝頗る惑い、曰く、「朕徐ろに之を思う。」と。然るに太子自ら謹孝を以て聞こえ、内外甚言すること無し。故に飛語入るを得ず、帝は其の猜いを発する所無し。

一日從容曰、「古者立儲君必先賢德、非有大勳力於宗稷、則莫若元子。」帝久之曰、「慶王往年獵、爲豽傷面甚。」

答曰、「破面不愈於破國乎。」帝頗惑、曰、「朕徐思之。」然太子自以謹孝聞、内外無碁言、故飛語不得入、帝無所發其猜。

とあり、李琮は玄宗の長子であったにもかかわらず、顔に傷があったために、立太子されることはなかった。李琮の皇太子号の追贈に関しても、その詳細は不明である。これは彼が後に、玄宗ではなく、粛宗によって皇帝号を追贈されているからである。李琮については、次節で詳しく考察する。

以上のように、皇子への皇太子号・皇帝号追贈の嚆矢となったのは高宗であったが、それを兄弟に広げておこなったのは、玄宗であった。玄宗は、諸皇子と外部との関係を制限する一方で、兄弟との関係のよさをアピールするために、追贈をおこなったと考えられる。それによって兄弟やその子孫による皇位継承争いが起きないということを示そうとしたのである。また、自身の子に対しては、長子で本来皇太子となるはずであった靖徳太子琮と、生前の功績によって靖恭太子琬を追贈している。そして粛宗以後はその影響か、子に対する追贈の事例も、増えてくるのである。

第二節　粛宗・代宗・徳宗による皇太子号・皇帝号の追贈

一　粛宗による追贈

粛宗は子と兄に皇太子号・皇帝号の追贈を行っている。その兄とは、玄宗に靖徳太子を贈られた李琮である。彼は粛宗即位後に、皇帝号を追贈されている。『旧唐書』巻一〇七、奉天皇帝琮伝に、「粛宗元年建寅月九日、詔して追冊して奉天皇帝と為す（肅宗元年建寅月九日、詔追冊爲奉天皇帝）。」とあり、宝応元年に改めて奉天皇帝を追冊されているのがわかる。(10)

では、なぜ肅宗はすでに皇太子号が追贈されていた李琮に対して、改めて皇帝号を追贈したのだろうか。『唐大詔令集』巻二六、追諡、靖徳太子諡奉天皇帝制には、

故靖徳太子琮、慶　霄極に鍾まり、親は則ち朕が兄なり。（中略）朕　昔儲宮に践り、誠に次に非ざるを顧みるも、君父の命に於いて、敢えて違はざる所なり。長少を以て言わば、豈に其の序を忘れんや。毎に懇譲を思うも、竟に獲従すること莫く、遽かに聖慈に順い、茲の宝位を守る。安くんぞ夙志を申べず、推恩を闕くこと有るべけんや。宜しく尊異の名を加え、載ち哀栄の典を茂《さか》んにすべし。敬んで追諡を用て奉天皇帝と曰い、妃竇氏は恭応皇后と曰う。

故靖徳太子琮、慶鍾霄極、親則朕兄。（中略）朕昔践儲宮、顧誠非次、於君父之命、所不敢違。以長少而言、豈忘其序。毎思懇譲、竟莫獲從、遽順聖慈、守茲寶位。安可不申夙志、有闕推恩。宜加尊異之名、載茂哀榮之典。敬用追謚曰奉天皇帝、妃竇氏曰恭應皇后。

とあり、本来は李琮が皇帝に即位するはずであったが、父玄宗の命令に逆らえず、自分が皇帝位に即いた、と述べている。この内容は、前述した玄宗の兄の譲皇帝憲への詔勅と類似していることがわかる。李琮は長子でありながら立太子されなかったため、死後に玄宗から皇太子号が追贈され、肅宗即位後は、もともと第一継承者であったことから皇帝号を追贈されたのである。

肅宗は他にも自分の子に対して皇太子号を追贈している。『旧唐書』巻一一六、恭懿太子佋伝には以下のようにある。

恭懿太子佋、粛宗第十二子。至徳二（七五七）載興王に封ぜらる。上元元（七六〇）年六月薨ず。佋、皇后張氏の生む所、上尤も鍾愛す。后　屢しば太子を危ぶみ、興王を以て儲貳と為さんと欲す。會たま薨ずれば止む。（中略）佋薨ずる時　年八歳。既に薨ずるの夕べ、粛宗・張后　倶に佋の平昔の如く有るを夢み、拝辞流悌して去る。帝　方に寝疾し、追念すること過深たり。故に特に儲闈の贈を以て之を寵す。上の疾　累月にして方めて平らかなり。

恭懿太子佋、肅宗第十二子。至徳二載封興王。上元元年六月薨。佋、皇后張氏所生、上尤鍾愛。后屢危太子、欲以興王爲儲貳。會薨而止。（中略）佋薨時年八歳。既薨之夕、肅宗・張后倶夢佋有如平昔、拜辭流涕而去。帝方寢疾、追念過深。故特以儲闈之贈寵之。上疾累月方平。

恭懿太子佋は、粛宗の第十二子であったが、皇后の子、つまり嫡長子であった。粛宗も皇后も深く彼を愛した。しかし、この時すでに長子の李豫（後の代宗）は立太子されており、安史の乱においても、天下兵馬元帥になるなど、功績を立てていた。まだ幼かった李佋を立太子させるということも安史の乱の最中では考えられなかったであろう。都を取り戻し、落ち着いてきたことにより、現皇太子の李豫と、嫡長子佋を立太子させようとする皇后の間で不穏な空気が流れ始めていたが、佋が上元元年に八歳で突然薨去したことで、李豫はひとまず皇太子の地位に落ち着いたのであった。粛宗と張皇后は、嫡長子佋の早すぎる死を嘆き悲しんだ。『唐大詔令集』巻三二、追贈、興王贈恭懿太子制にも、

方に成立を冀い、豈に夭喪を期せんや。瑤英始めて茂し、遽かに当春に摧落し、隙駟俄かに遷り、忽ち厚夜に沉淪す。興言痛悼、惘惜良に深し。宜しく青宮に寵賁し、玄穸に哀栄せしむべし。太子を贈り、謚して恭懿と曰うべし。

方冀成立、豈期夭喪。瑤英始茂、遽摧落於當春、隟駟俄遷、忽沉淪於厚夜。興言痛悼、憫惜良深。宜寵賁於青宮、俾哀榮於玄窀。可贈太子、謚曰恭懿。

とあり、その悲しみがこの詔勅からうかがえる。つまり、粛宗が子の李佋に皇太子号を追贈したのは、彼が嫡長子であったことと、李佋の夭折を哀れに思ったからであるといえる。これは寵愛されていた臣下の死を哀れんで追贈した例と類似している。『旧唐書』巻一九〇、賀知章伝には、

旧きの懐いを惟て、深く追悼すること有り。宜しく縟礼を加え、式て哀栄を展ぶべし。礼部尚書を贈るべし。

惟舊之懷、有深追悼。宜加縟禮、式展哀榮。可贈禮部尚書。

とあるように、粛宗が皇太子の時の侍読である賀知章が死んだ際には、彼の死を哀れみ、哀栄によって礼部尚書を贈っている。哀栄の記載は、恭懿太子追贈の詔にも見られることから、臣下に対して哀栄によって礼部尚書という官位を追贈するのと、皇子に対して哀栄によって皇太子号を追贈するのが同じように行われていることがわかるのである。これ以後、嫡長子でなくとも、哀れみによって皇太子号を追贈される例が見られるようになる。

二　代宗による追贈

前述したように、代宗は皇子らとともに安史の乱に関わっているため、これまでの皇帝とはやや異なった追贈が見られる。

代宗が最初に追贈したのは、弟の李倓であった。『旧唐書』巻一一六、承天皇帝倓伝に、

時に敗れ卒に胆破し、兵仗を完たからず、太子既に北上し、渭を渡り、一日に百戦す。倓自ら驍騎数百を選び衛従せしめ、毎に蒼黄顛沛の際、血戦して前に在り。太子（後の粛宗）或いは過時　食を得ざるとき、倓　涕泗して自ずから勝へず。上尤も之を憐れむ。軍士　属目して倓に帰す。（中略）時に張良娣寵有り、倓は性　忠謇、因りて上に侍り屢しば良娣の頗る自恣なるを言う。（李）輔国は内外に連結し、皇嗣を傾動せしめんと欲す。是れより、日に良娣・輔国の構うる所と為り、云えらく、「建寧（李倓）は兵権を得ざるを恨み、頗る異志を畜う。」と。粛宗怒り、倓に死を賜う。既にして省悟し、之を悔ゆ。

時敗卒膽破、兵仗不完、太子既北上、渡渭、一日百戰。倓自選驍騎數百衛從、毎蒼黄顛沛之際、血戰在前。太子或過時不得食、倓涕泗不自勝。上尤憐之。軍士屬目歸於倓。（中略）時張良娣有寵、倓性忠謇、因侍上屢言良娣頗自恣。輔國連結内外、欲傾動皇嗣。自是、日爲良娣・輔國所構、云、「建寧恨不得兵權、頗畜異志。」肅宗怒、賜倓死。既而省悟、悔之。

とある。李倓は粛宗の第三子で、代宗の弟である。彼は当時皇太子であった粛宗と広平王であった代宗と行動を共にし、安史の乱を戦ったのである。また、忠義に篤く、正直な性格であったため、粛宗が寵愛していた張皇后についても、物怖じせず粛宗に直言していたようである。先述したように、張皇后には幼い子がおり、張皇后はこの嫡長子を立太子させようと画策していた。これによって、李倓は張皇后にうとまれ反逆の汚名を着せられ、死を賜わったのであった。その後、代宗が即位すると、彼は弟の李倓の無実を哀れみ、斉王を追贈している。[11] しかし、代宗の追贈は王爵だけに留まらなかった。『唐大詔令集』巻二六、追諡、斉王諡承天皇帝制に、

夫れ以て旧邦再造の勲に参《まじ》はり、天下一家の業を成す。而れども存して未だ其の等を峻《よ》しとせず、歿して未だ其の称を尊ばず。以て徽烈を旌し、至公を明らかにする所に非ざるなり。（中略）敬んで追謚を用て承天皇帝と曰い、興信公主の故弟十四女張氏と冥婚す。

夫以參舊邦再造之勳、成天下一家之業。而存未峻其等、歿未尊其稱。非所以旌徽烈、明至公也。（中略）敬用追謚曰承天皇帝、與興信公主故弟十四女張氏冥婚。

とあることからわかるように、皇帝号を追贈されたのである。代宗即位五年後の大暦三（七六八）年のことであった。そしてこれは、弟に皇帝号を追贈した最初で最後の事例である。よって、その詔勅も譲皇帝や奉天皇帝とはやや異なる。李倓は、「旧邦再造の勲」、つまり安史の乱の功績により、皇帝号がふさわしいとされているのである。では、なぜ皇太子号ではなく、皇帝号を追贈する必要があったのだろうか。このことについては、『資治通鑑』に詳しく記されている。『資治通鑑』巻二二四、大暦三年三月条には、以下のようにある。

上と（李）泌は語りて斉王倓に及び、厚く褒贈を加えんと欲す。泌は岐・薛の故事を用て太子を贈らんことを請う。上泣きて曰く、「吾が弟　首め霊武の議を建つるとき、中興の業を成す。岐・薛豈に此の功有らんや。竭誠忠孝するに、乃ち讒人の害する所と為る。鄕使《もし》尚ほ存れば、朕必ず以て太弟と為さん。今当に崇ぶに帝号を以てし、吾が夙志を為すべし。」と。乙卯、制して、倓を追謚して承天皇帝と曰い、庚申、順陵に葬る。

上與（李）泌語及齊王倓、欲厚加褒贈。泌請用岐・薛故事贈太子。上泣曰、「吾弟首建霊武之議、成中興之業。岐・薛豈有此功乎。竭誠忠孝、乃為讒人所害。鄕使尚存、朕必以為太弟。今当崇以帝号、成吾夙志。」乙卯、制、追謚倓曰承天皇帝、庚申、葬順陵。

代宗は李泌と昔話をしていると、冤罪によって死を賜った弟李倓にまで話が及んだ。代宗は弟に追贈するという考えを李泌にしたところ、李泌は李倓を玄宗の岐王李範（恵文太子）・薛王李業（恵宣太子）が皇太子号を追贈されたように、その故事に習って皇太子号を贈ることを進言したのである。それにもかかわらず、代宗は李倓に安史の乱による功績があることから、恵文太子と恵宣太子とは異なり、皇太子号よりもさらに上位の皇帝号を追贈することを決定している。

また、代宗はさらに第二子の李邈に皇太子号を追贈している。『旧唐書』巻一一六、昭靖太子邈伝に、

大暦の初め、皇太子に代わりて天下兵馬元帥と為る。王 読書を好み、儒行を以て聞こゆ。大暦九（七七四）年薨ず、廃朝すること三日、是に由りて元帥の職を罷む。上 其の才の早夭を惜しみ、冊して昭靖太子を贈り、万年県の界いに葬る。

大暦初、代皇太子爲天下兵馬元帥。王好讀書、以儒行聞。大暦九年薨、廢朝三日、由是罷元帥之職。上惜其才早夭、册贈昭靖太子、葬於萬年縣界。

とあり、昭靖太子は、大暦の初めに皇太子の代わりに天下兵馬元帥となり、大暦九年に薨去している。これだけでは、皇太子号を追贈された理由が分からないが、『唐大詔令集』巻三二、哀冊文、昭靖太子哀冊文には、

旧勲を藩邸に録し、新しき謚を太常に議せしむ。承家を匕鬯に瞻みて、嗣位を元良に追う。

錄舊勳於藩邸、議新謚於太常。瞻承家於匕鬯、追嗣位於元良。

とあり、彼に何かしらの功績があったことがわかる。詳細は不明なので、これ以上の考察はできないが、おそらく安史の乱後の混乱において、功績があったと推測される。

粛宗・代宗の時代は、安史の乱などの影響で、皇子が武勲を挙げることも多かった。薨去後に功績が認められ、皇太子号を追贈されるのは、功績ある臣下が死去した際に、官爵が贈られるのと同様であるといえる。

三　徳宗による追贈

徳宗以後、皇帝号を追贈された皇子は見られない。一方で皇太子号の追贈は、徳宗・文宗・宣宗・昭宗でみられる。しかしながら文宗以後の皇子に関する史料は非常に少なく、なぜ追贈されたのかまでわかる皇子は少ない。『新唐書』巻八二、十一宗諸子伝の憲宗二十子に「凡そ八王、史　其の薨を失う（凡八王、史失其薨）。」とあることからもわかるように、官歴どころか薨去した年代すらわからない皇子も多いのである。よって、まだ史料が比較的残っている徳宗の子、文敬太子謜について取り上げたい。『旧唐書』巻一五〇、文敬太子謜伝には、以下のようにある。

> 文敬太子謜、順宗の子。徳宗　之を愛し、命じて子と為す。（中略）（貞元）十五（七九九）年十月薨ず。時に年十八、廃朝すること三日、文敬太子を贈り、所司は礼を備えて冊命す。
>
> 文敬太子謜、順宗之子。徳宗愛之、命爲子。（中略）十五年十月薨。時年十八、廢朝三日、贈文敬太子、所司備禮册命。

文敬太子は、他の王朝の皇帝家と比べても特殊な経歴を持つ。というのも彼はもともと順宗の子であった。順宗の父である徳宗に愛され、徳宗は彼を養子として迎えている。つまり、徳宗からすれば、孫を自分の子としたのである。これは非常にめずらしい事例である。さらに、このような先例のない行動をとったにもかかわらず、その詳細は現在ほとんどわからない。また他の皇子と異なり、『唐大詔令集』にも、哀冊や追贈に関する詔勅は残っていない。文敬太子の追贈の理由について、彼の列伝から推測してみると、彼は祖父である徳宗から養子とされるほど寵愛されていたことと、十八歳という若さで薨去したことの二点にあると考えられる。

これは粛宗の恭懿太子の場合と類似している。早逝や寵愛による追贈は、皇太子号の追贈だけでなく、王爵の追贈にもみられる。(12) 王爵の追贈は、皇子が王に封じられる前に若くして薨去した場合に行われることが多い。夭折による皇太子号の追贈は、この王爵の追贈に類似しており、皇帝がその皇子に対して特に哀れんだ時には、王爵ではなく皇太子号を追贈していたと考えるのが妥当である。

以上のように、粛宗は譲皇帝の時と同じように、自分の兄に皇帝号を追贈し、また嫡長子で夭折した自分の子に対しても哀栄によって皇太子号を追贈した。次の代宗は、弟の李倓に皇帝号を追贈し、子の李邈に対しては皇太子号を追贈している。代宗による追贈はどちらも安史の乱などの功績によるもので、皇太子号・皇帝号の追贈の新たな根拠となった。最後に徳宗は、粛宗の恭懿太子と同様に寵愛や哀れみによって皇太子号を追贈されているが、彼は恭懿太子とは異なり、嫡長子はおろか、養子であった。玄宗の友于による追贈、粛宗の兄に対する追贈と嫡長子への哀れみ、代宗の功績による追贈、徳宗の養子への哀れみと、次第に皇太子号・皇帝号の追贈の根拠が拡大し、兄弟や従兄弟、甥など皇帝の近親であれば、臣下への贈官・贈爵のように、容易に皇太子号・皇帝号を追贈できるようになっていく様子がみてとれるのである。これは、皇太子号・皇帝号が官爵と同じように認識されていたと考えられるのではないか。唐代では臣下への追贈が頻繁に行われ、これまでの王朝と比べても対象や範囲が拡大していたといわれている。(13) 哀栄や生前の功績による皇太子号・皇帝号の追贈を、批判なく可能にしたのは、当時の官僚たちの間で、皇太子位を官爵の一部として認識していたからと考えても、失当ではないといえるのではないか。

では臣下ではなく、皇太子号・皇帝号が与えられる可能性のある皇族たちは、薨去後に官や爵を贈られることがあったのだろうか。次節で考察していきたい。

第三節　皇太子号・皇帝号以外の追贈

一　正第一品の官爵の追贈

これまで、皇太子号・皇帝号を追贈された皇子を取り上げて、『唐大詔令集』を中心にその理由について検討してきたが、ここでは皇太子号・皇帝号以外の追贈が行われた皇子についてみていきたい。

高祖には二十二人の子がおり、その内十五人が官爵を追贈されている。表一から表五は、『旧唐書』・『新唐書』に記されたそれぞれの皇子の追贈をまとめたものである。

表一をみると、そのほとんどが、司徒などのいわゆる三公と、揚州・益州などの大都督を追贈されていることがわかる。皇子には、王爵が与えられるのが通例である。王爵は正第一品であるが、司徒・司空・太尉の三公も王爵と同じく正第一品で、爵位と官位の地位を等しくしていることがわかる。

表二からわかるように、太宗の子も、高祖の時とそれほど大きくは変わらず、三公の正第一品を追贈されている。太宗の皇子は、謀反や後継者争いにより官爵を剥奪され、太宗崩御後に高宗によって追贈されている例が多いのが特徴である。呉王恪は謀反を起こし、誅殺されたが、後に王爵を追贈され、呉王恪の母弟であった蜀王愔もその謀反に巻き込まれ一時庶人とされ、後に王爵を追贈されている。さらに、蔣王惲も謀反を疑われ自殺し、司空・荊州大都督を追贈されている。また、濮恭王泰は後継者争いによって、一時官爵をおとされているが、後に太尉・雍州牧を追贈されている。彼等は全て太宗の崩御後に、追贈されているのである。

表一　高祖十五子への追贈

追贈された人物	追贈者	追贈された官爵	追贈者との関係	追贈された年
衛王玄覇	高祖	衛王・秦州総管・司空	子	武徳元(618)年
巣王元吉	太宗	巣王	弟	貞観十六(642)年
楚王智雲	高祖	楚王	子	武徳元(618)年
		涼州総管・司徒		武徳三(620)年
周王元方	太宗	左光禄大夫	弟	貞観三(629)年
徐王元礼	高宗	太尉・冀州大都督	叔父	咸亨三(672)年
彭王元則	高宗	司徒・荊州都督	叔父	永徽二(651)年
鄭王元懿	高宗	司徒・荊州大都督	叔父	咸亨四(673)年
虢王鳳	高宗	司徒・揚州大都督	叔父	上元元(674)年
道王元慶	高宗	司徒・益州都督	叔父	麟徳元(664)年
鄧王元裕	高宗	司徒・益州大都督	叔父	麟徳二(665)年
舒王元名	高宗	司徒	叔父	神龍初
江王元祥	高宗	司徒・幷州大都督	叔父	永隆元(680)年
密王元暁	高宗	司徒・揚州都督	叔父	上元三(676)年
滕王元嬰	睿宗	司徒・冀州都督	大叔父	文明元(684)年
荊王元景	不明	追封	不明	不明

※皇太子号・皇帝号を追贈された者は除く。

高宗の子は武后の影響により、原王孝を除く三人が中宗復位後の神龍年間に追贈されている。原王孝は、早くに薨去したため、薨去した際に益州大都督を追贈され、中宗復位後の神龍初めに再び原王と司徒を贈られている。許王素節は、生前許王であったことから、許州刺史を追贈されたのであろう。許州刺史以外にも開府儀同三司も追贈されていることが、表三からわかる。

次に睿宗の子であるが、睿宗の六子は末の子である隋王隆悌以外、全て玄宗から皇太子号・皇帝号が追贈

表二　太宗七子への追贈

追贈された人物	追贈者	追贈された官爵	追贈者との関係	追贈された年
恆山王承乾	太宗	王	子	貞観十九(645)年
楚王寬	太宗	王	子	貞観初
呉王恪	高宗	王	兄	顕慶五(660)年
	中宗	司空	叔父	神龍初
濮恭王泰	高宗	太尉・雍州牧	兄	永徽三(652)年
蜀王愔	高宗	益州大都督	兄	咸亨初
蔣王惲	高宗	司空・荊州大都督	兄	上元元(674)年
趙王福	高宗	司空・并州都督	弟	咸亨元(670)年

※皇太子号・皇帝号を追贈された者は除く。

されている。隆悌は、早逝したことから睿宗即位後に、隋王と荊州大都督を追贈されている。

では玄宗の子についてはどうだろうか。玄宗には三十人の子がおり、その内皇太子号・皇帝号以外を追贈されたのは、八人である（表四参照）。その大半が代宗によって追贈されており、粛宗による追贈はない。これは太上皇であった玄宗が崩御したのと、皇帝であった粛宗の崩御が同年であったことによるだろう。玄宗による追贈は見られるが、これは夏悼王と懐哀王が玄宗の譲位前に早逝したためである。玄宗の時代に薨去した棣王・鄂王・光王は全て玄宗の怒りを買い、殺されたり、後継者争いに巻き込まれて官爵を奪われた皇子である。先帝により、官爵を奪われたり殺されたりした皇子は、現皇帝から官爵をもとに戻されたり、生前よりも位の高い官爵をもらうのが普通である。粛宗は玄宗が存命中に即位したため、玄宗に配慮して追贈を行わなかったと考えられる。

また、玄宗の子に対する追贈は、都督や刺史、三公の追贈ではなくなり、太傅が中心に追贈されている。とはいっても、太傅も司徒・司空・太尉などの三公と同じ正第一品であった。

代宗以後、皇子への追贈は激減する。これは先述したように

表三　高宗四子への追贈

追贈された人物	追贈者	追贈された官爵	追贈者との関係	追贈された年
燕王忠	中宗	追封、太尉、揚州大都督	兄	神龍初
原王孝	高宗	益州大都督	子	麟徳元(664)年
	中宗	原王・司徒・益州大都督	兄	神龍初
澤王上金	中宗	復官爵	兄	神龍初
許王素節	中宗	復爵、開府儀同三司・許州刺史	兄	中宗即位

※皇太子号・皇帝号を追贈された者は除く。

諸皇子の列伝の記載が少なくなり、薨去した年すらわからない皇子も多く存在しており、追贈の有無が不明であることも要因の一つである。

粛宗の子以後において、皇太子号・皇帝号以外を追贈されたことがわかるのは六人で、しかもその全てが、早逝したことによって追贈されている。[14] 粛宗から早逝の哀れみによって追贈される例が増えてくるのは、皇太子号の追贈にも通ずるものである。

二　皇太子位の官爵化

これまで見てきたように、皇族は生まれると王爵が与えられる。王爵は正第一品で、それに伴い追贈される官位も司徒・司空・太尉などの正第一品であることがわかった。特に爵位が与えられる前に早逝した皇子については、王爵が与えられ、郡王などの爵位のまま薨去した場合は、それよりも位の高い国王の爵位を与えられている。

皇族内で追贈されている者を見てみると、皇帝の叔父に当たる者や夭折した者が多いが、彼らは特に功績を立てたわけでも皇帝から寵愛されていたわけでもなかった。彼らはただ皇帝の叔父であったため、もしくは夭折したために王爵や三公の位が与えられ

表四　玄宗八子への追贈

追贈された人物	追贈者	追贈された官爵	追贈者との関係	追贈された年
棣王琰	代宗	復王	叔父	不明
鄂王瑤	代宗	復王	叔父	宝応元(762)年
光王琚	代宗	復王	叔父	宝応元(762)年
夏悼王一	玄宗	追封	子	開元五(717)年
儀王璲	代宗	太傅	叔父	永泰元(765)年
懐哀王敏	玄宗	追封	子	開元八(720)年
寿王瑁	代宗	太傅	叔父	大暦十(775)年
盛王琦	代宗	太傅	叔父	広徳二(764)年

※皇太子号・皇帝号を追贈された者は除く。

ているのである。一方で皇太子号・皇帝号を与えられた者は皇帝の寵愛を受けたり、功績を立てている。彼らは一般的な皇族たちと区別するためにも、三公や王爵よりも高い位が求められたと考えられる。だが三公や王爵は、すでに唐代の官爵内において最も高い官爵である。一般的な皇族たちと区別するためには正第一品よりもさらに高い位が必要となったのである。そこで皇太子号の称号を与えることが求められるようになったのであろう。そして皇帝号は、承天皇帝倓の例からもわかるように、皇太子号よりもさらに高い位として、差を設けたに過ぎないのである。

つまり皇太子号は、正第一品の王爵や、司空・司徒などの正第一品の官位では不足であるとされた皇子が追贈されているといえ、皇帝号は皇太子号でも不足であるとされた皇子に追贈されているのである。これは皇太子号・皇帝号が、正第一品の官爵→皇太子号→皇帝号という序列にあったことを表しているだろう。

最初に述べたように、皇太子は簒奪や家臣の反乱を防ぐために立てられるもので、本来皇太子は次期皇帝予定者であり、皇太子位は官位でも爵位でもないはずである。官位でも爵位でも

表五　唐代における皇太子号・皇帝号の追贈

追贈された人物	諡号	追贈者	追贈者との関係	追贈された年
建成	隠太子	太宗	兄	貞観十六(642)年
弘	孝敬皇帝	高宗	子	上元二(675)年
重潤	懿徳太子	中宗	子	神龍元(705)年
賢	章懐太子	睿宗	兄	景龍四(710)年
重俊	節愍太子	睿宗	甥	景龍四(710)年
重茂	殤皇帝	玄宗	従弟	開元二(714)年
撝	恵荘太子	玄宗	兄	開元十二(724)年
範	恵文太子	玄宗	弟	開元十四(726)年
業	恵宣太子	玄宗	弟	開元二二(734)年
憲	譲皇帝	玄宗	兄	開元二九(741)年
琮	靖徳太子	玄宗	子	天宝十一(752)載
琬	靖恭太子	玄宗	子	天宝十四(755)載？
佋	恭懿太子	粛宗	子	上元元(760)年
琮	奉天皇帝	粛宗	兄	宝応元(762)年
瑛	皇太子	代宗	叔父	宝応元(762)年
倓	承天皇帝	代宗	弟	大暦三(768)年
邈	昭靖太子	代宗	子	大暦九(774)年
謜	文敬太子	徳宗	養子	貞元十五(799)年
寧	恵昭太子	憲宗	子	元和六(811)年
普	悼懐太子	文宗	甥	大和二(828)年
湊	懐懿太子	文宗	弟	開成三(838)年
永	荘恪太子	文宗	子	開成三(838)年
漢	靖懐太子	宣宗	子	大中六(852)年
倚	恭哀太子	昭宗	弟	天復初

ない皇太子位が、三公などの正第一品よりも高い位として扱われることは、唐代において皇太子位が官爵として意識されていたことを示唆するものではないだろうか。唐代の皇太子号の追贈を考察すると、次第に皇太子位が官爵化していく様子がみてとれるのである。

おわりに

本論では、唐代において皇太子号・皇帝号が頻繁に追贈された原因について、『唐大詔令集』を中心として、順を追って考察を加え、皇太子号・皇帝号を追贈された者と追贈されなかった者とを比較し、それによって当時の皇太子観について検討を試みた。その結果、高宗による皇帝号追贈に始まり、玄宗の友愛表現による兄弟への追贈が盛んに行われるようになり、粛宗の哀栄、代宗の功績による追贈と、次第に皇太子号・皇帝号の追贈が容易に行われていく様子が見て取れた。そして皇太子号を追贈されなかった皇子と比較すると、皇太子号が正第一品の爵位・官位の一段階高い位に位置していることが明らかとなった。

皇太子号だけでなく、実際の立太子においても、譲皇帝憲が功績によって玄宗に皇太子の位を譲ったことは、皇太子位の変化を明確に表しているものといえる。[15]「国難」である時と限定されているとはいえ、隋以前には、功績によって立太子が決まることはなかった。

皇太子位が功績によって与えられるようになり、正第一品の官爵→皇太子という明確な序列が示されたことは、皇太子が官爵的なものとして認識されていたことを示すものであるといえる。皇太子位は次第に唐の整備された官爵制度の中に組み込まれていったと考えられる。そして皇太子位の変化は必然的に皇帝位にも影響を与え、それが五代十国、ひいては宋代に引き継がれて行くのである。

　唐代では他の王朝に比べて皇太子を廃立させることが多く、また後半期になると、ほとんどが即位直前に立太子されるなど、皇太子位は一見相対化・形骸化しているようにもみえる。しかしこれはただ相対化していたのではなく、官爵のように認識されていたために起こったものと考えられるのである。

　追贈の原因は、皇太子位の官爵化だけでなく、他にも儀礼や政治史的な要因も大きかったと思われる。それについては、次章にて考察したいと思う。

注

（1）例えば、南斉の文恵太子（『南斉書』巻二一、文恵太子伝）、梁の昭明太子（『梁書』巻八、昭明太子伝）は皇帝に即位することなく病没しており、それぞれ皇太子として立伝されている。また、同じく梁の哀太子（『梁書』巻八、哀太子伝）と愍懐太子（『梁書』巻八、愍懐太子伝）は皇太子のまま殺されたため、皇太子として立伝されている。
（2）前漢には戻太子が冤罪によって死去しているが、彼は死後に皇太子号を追贈されたかどうかは不明確であるため、ここでは触れない（『漢書』巻六三、戻太子伝参照）。
（3）唐では、他にも懿徳太子重潤・節愍太子重俊が名誉回復により皇太子号を追贈されている。隋以前でこのような例は、西晋の愍懐太子のみである。
（4）趙翼『廿二史剳記』巻十九、唐追贈太子之濫。若玄宗贈弟申王撝爲惠莊太子、岐王範爲惠文太子、薛王業爲惠宣太子、此三王者、將以爲睿宗之太子耶。（中略）此三王初未身爲太子、則加以大國榮封可矣。（中略）此則苟欲以追崇見其友愛、而不知轉失禮甚矣。
（5）喬鳳岐「唐代太子謚述論」（『鄭州大学学報（哲学社会科学版）』五十―五、二〇一七年）。
（6）『旧唐書』巻二五、礼儀志。景雲元年冬、將葬中宗孝和皇帝於定陵、中書令姚元之・吏部尚書宋璟奏言、「準禮、大行皇帝山陵事終、卽合祔廟。其太廟第七室、先祔皇兄義宗孝敬皇帝・哀皇后裴氏神主。伏以義宗未登大位、崩後追尊、神龍之初、乃特令遷祔。春秋之義、國君卽位未踰年者、不合列敍昭穆。又古者祖宗各別立廟、孝敬皇帝恭陵既在洛州、望於東都別立義宗之廟、遷祔孝敬皇帝・哀皇后神主、命有司以時享祭、則不違先旨、又協古訓、人神允穆、進退得宜。在此神主、望入夾室安置。伏願陛下以禮斷恩。」制從之。及既葬、祔中宗孝和皇帝・和思皇后趙氏神主於太廟。其義宗即於東都從善里建廟享祀。時又追尊昭成・肅明二皇后、於親仁里別置儀坤廟、四時享祭。

(7) 一番末の弟である隋王隆悌は、王を拝される前に夭折しており、睿宗即位後に王を追贈され、皇太子号が追贈されることもなかった。(『旧唐書』巻九五、隋王隆悌伝参照)。

(8) 例えば、『後漢書』列伝第五四、史弼伝には、「陛下隆於友于、不忍遏絶。〔李賢注〕友、親也。尚書曰、「惟孝、友于兄弟」。」とあり、ここでは、すでに兄弟の文字はなく、友于だけで用いられている。

(9) 『旧唐書』巻九五、恵文太子範伝。範好學工書、雅愛文章之士、士無貴賤、皆盡禮接待、與閻朝隱・劉庭琦・張諤・鄭繇篇題唱和、又多聚書畫古跡、爲時所稱。時上禁約王公、不令與外人交結。駙馬都尉裴虚己坐與範遊讌、兼私挾讖緯之書、配徙嶺外。萬年尉劉庭琦・太祝張諤皆坐與範飲酒賦詩、黜庭琦爲雅州司戸、諤爲山茌丞。

(10) 『資治通鑑』では、宝応元年建寅月に李琮への皇帝号追贈の記載が見られ、このことから粛宗元年が宝応元年であることがわかる。(『資治通鑑』巻二二二、粛宗宝応元年建寅月の条参照)。

(11) 『旧唐書』巻一一六、承天皇帝倓伝。深思建寧之冤、追贈齊王。

(12) 『旧唐書』巻一一六、衛王佖伝には、「衛王佖、肅宗第四子。天寶中、封西平郡王、授殿中監同正員。早薨。宝應元年五月、追贈衛王。」とある。

(13) 呉麗娯『終極之典』中華書局、二〇一二年、第十章「贈官的起源与唐代官員的自身贈官」。

(14) 粛宗の子で皇太子号・皇帝号以外を追贈されたのは、衛王佖と鄆王栄で、早逝によって王を代宗から追贈されている(『旧唐書』巻一一六参照)。代宗の子は、均王遐と荊王選で、早逝によって徳宗から追贈されている(『旧唐書』巻一一六参照)。また、徳宗の子は粛王詳と代王諲が早逝によって徳宗自身から追贈されている(『旧唐書』巻一五〇参照)。

(15) 『旧唐書』巻九五、讓皇帝憲伝には、「時平則先嫡長、國難則歸有功。」とあり、玄宗の兄の李憲が長子で皇太子となるべきであったが、玄宗は韋氏を平らげた功績があり、国難という条件付きではあるが、その功績により皇太子にふさわしいとされた。

第四章　唐代における太子廟

——皇帝の資質と「孝」と「悌」

はじめに

前章において、皇太子・皇帝号の追贈を取り上げて、皇太子位について考察を加えた。皇太子号は、皇子の功績や寵愛などによって皇子の死後に追贈されたが、彼らは皇太子号に追贈されたことによって、皇太子として廟に祀られるようになった。それが太子廟である。前章で述べたように、これまで皇太子号が追贈されることはほとんどなかったことから、隋以前では皇太子の廟が作られることもなかったのである。本章では、皇太子・皇帝号の追贈に伴って設置された、太子廟について検討したい。

中国歴代王朝にとって、皇帝の祖先を祀る太廟が非常に重要な存在であったことは周知の通りである。特に唐代ではこの太廟制度について、祭祀のやり方や、誰をどこまで祀るのかということまで、しばしば議論がおこなわれ、それらの議論については、これまで多くの研究がなされている(1)。しかし、唐代は太廟だけでなく、皇后を祀った儀坤《ぎこん》廟(2)などの別廟(3)が多く見られる。その別廟の中でも、最も多くの者が祀られたのが、太子廟である。

唐代において多くの皇太子が祀られることになったのは、第三章で述べた皇太子号の追贈が頻繁におこなわれたことが影響している。先述した通り、一般的に皇太子号の追贈は、皇太子を廃され、後に名誉回復されることによっておこなわれるものであった(4)。しかし唐代では、一度も立太子されたことのない皇子に対して、皇太子号をしばしば追贈していた。この追贈は、皇子の功績や皇帝の彼らに対する憐憫の情によってなされており、皇帝から臣下に対する贈官・贈爵とほぼ同様の基準でおこなわれていた。また同時期に皇帝号の追贈もみられるが、これは単に皇太子という称号では不足とされた者に贈られるものであり、皇太子号と皇帝号に大きな差異はなかった。

そして皇太子号（皇帝号）の追贈には、太子廟（皇帝廟）の設置が伴われることが多かった。隋代以前にも、皇太子の薨去は見られるが、太子廟の存在は確認できない。ただ唐朝滅亡後の金朝において、太子廟が建てられることがあったが、これは唐代の太子廟を参考に造られたものである。(5) それ以外では、太子廟は史料に見られず、太子廟は唐代特有のものであったといえる。(6)

太子廟の建設と国家祭祀は、唐代特有のものであり、太子廟は興廃を繰り返して唐代末まで祭祀が続けられた。このように中国史の中で特異であるといえるにもかかわらず、太子廟全体に対する研究は未だ見当たらない。太子廟がなぜ建てられ、唐朝にとってどのような意義を持ったのか。本章では、唐代において太子廟・皇帝廟の変遷を確認した後、それらの建設の意義について検討し、唐代の皇位継承の関係についても言及したい。

第一節　太子廟祭祀の発議と停止

一　四太子と太子廟祭祀

現存する史料から確認できる限りで最も早期に議論されたのは、玄宗が実権を握って間もなくの開元三（七一五）年であった。(7)『新唐書』巻二〇〇、儒学伝下、陳貞節に、

（陳貞節）開元初め、右拾遺と為る。初め、隠・章懐・懿徳・節愍の四太子　並びに陵廟を建て、八署に

分け、官を置き吏卒を列し、四時祠官　饗を進む。貞節以て是に非ずと為し、上言すらく、「士者　祀を制し、功徳の者を以てすら猶お親尽くれば毀つ。四太子廟　皆な祖を別にし、人に功無く、而るに園祀時に薦め、有司守衛すること、列帝と侔し。金奏登歌は、功徳を頌うる所以なり。詩に曰く、「鍾鼓既に設け、一朝　之を饗す。」と。功無くして頌えしめば、舞詠　度に非ずと曰ざるか。周制は、始祖乃ち小廟と称す。未だ四廟　何と名づけんと欲するかを知らず。請うらくは卒吏を罷め、祠官に詔して領属することと無からしめ、以て礼典に応ぜしめんことを。古は別子　祖と為し、故に大・小宗有り。若し祀未だ絶つべからずと謂えば、宜しく後となる所の子孫　之を奉ることを許すべし。」と。有司に詔して博く議せしむ。

開元初、爲右拾遺。初、隱・章懷・懿德・節愍四太子並建陵廟、分八署、置官列吏卒、四時祠官進饗。貞節以爲非是、上言、「王者制祀、以功德者猶親盡而毀。四太子廟皆別祖、無功於人、而園祠時薦、有司守衞、與列帝侔。金奏登歌、所以頌功德。詩曰、「鍾鼓既設、一朝饗之。」使無功而頌、不曰舞詠非度邪。周制、始祖乃稱小廟。未知四廟欲何名乎。請罷卒吏、詔祠官無領屬、以應禮典。古者別子爲祖、故有大・小宗。若謂祀未可絶、宜許所後子孫奉之。」詔有司博議。

とあり、この陳貞節の批判によって、初めて太子廟の存在が明確にわかることになる。ここで取り上げられたのは、四太子廟、つまり、隠太子・章懐太子・懿徳太子・節愍太子である。彼らは、それぞれ一度は皇太子を廃位され、後に名誉回復などによって皇太子号を追贈された者たちである。順を追って説明していきたい。

初めに隠太子建成であるが、彼は唐朝建国後すぐに立太子された。しかし、弟の李世民（太宗）が功績をあげたことによって、皇位継承権の争いが激化し、最終的には玄武門の変（六二六年）により、皇太子建成は、李世民に殺害されてしまった。李世民の即位後に李建成は息王を追封され、隠を諡とされた。その十六年後の貞観十六（六四二）年には皇太子を追贈されている(8)。明確な史料は残されていないが、『旧唐書』巻三一、音楽志には、「享隠太子廟樂章六首〈貞觀中撰〉」という史料があることから、皇太子が追贈されてから、廟が作られたと推測される。

次に章懐太子賢であるが、彼は高宗の第六子で、兄で皇太子であった李弘の薨去した年に立太子された。まもなく李賢は武后の謀略によって庶人とされ、その数年後に自殺した。則天武后の時代が終わり、睿宗の御代となってから皇太子を追贈され、章懐と謚された(9)。

また、懿徳太子重潤は、中宗の長子で、中宗が立太子された時に皇太孫とされ、府を開いた。中宗が左遷されると、その府も廃されることになり、その後、則天武后に殺された。則天武后が譲位し、中宗が復位すると皇太子を追贈され、懿徳と謚されることとなった(10)。

最後に節愍太子重俊だが、彼は中宗の第三子で、神龍二（七〇六）年に立太子された。彼はクーデターを起こし、当時実権を握っていた韋皇后や武三思らを殺害しようとするが、結局敗死し、睿宗の即位後に皇太子を追贈され、節愍と謚された(11)。

以上のように廟に祀られた四太子（隠太子・章懐太子・懿徳太子・節愍太子）は、名誉回復などによって皇太子号を追贈された者たちで、陳貞節の先の議論はこの太子廟祭祀について、疑問を述べたものである。陳貞節は、四太子には功績がないにもかかわらず、有司の守衛が歴代皇帝並に置かれていることを批判し、そもそも四太子に対しては国家による祭祀を必要としないことを述べている。もし祭祀を続けるのであれば、彼らの子孫らが祭祀をおこなうべきである、とするのである。

これに対して反論をしたのが、裴子余と段同である。まず裴子余の反論についてみてみると、『新唐書』巻二〇〇、儒学伝下、陳貞節に、駕部員外郎裴子余曰く、「四太子　皆な先帝の冢嗣、列聖　懿属を念いて之が為に享す。（中略）況んや天子　親親を篤くして以て旁期に及ぶは、誰か然りと曰ざらん。」と。

駕部員外郎裴子餘曰、「四太子皆先帝冢嗣、列聖念懿屬而爲之享。（中略）況天子篤親親以及旁朞、誰不曰然」。

とあり、裴子余は四太子がすべて皇太子であり、四太子を祀った歴代の皇帝が親族を想い、傍系まで篤く祀ったことを述べている。一方で段同については、『新唐書』巻二〇〇、儒学伝下、陳貞節の裴子余の反論に続けて、

太常博士段同曰く、「四陵廟　皆な天子の親に睦み絶を継ぐ。逝者に蘋蘩を錫うは、猶お生者の茅土を開くがごとし。古は子弟を封建す。詎ぞ皆な功有らんや。生きるは議する所無く、死するは乃ち礼を援き祠を停むれば、人其れ何をか謂わん。隠は上に於いて、伯祖なり。緦に服す。章懐は、伯父なり。期に服す。懿徳・節愍は堂昆弟なり。大功に服す。親未だ尽きず、廟　廃すべからず。」と。礼部尚書鄭惟忠等二十七人も亦た其の言に附く。是こに於いて四陵廟は惟だ吏卒を半ばに減らすのみにして、它は旧の如くす。

太常博士段同曰、「四陵廟皆天子睦親繼絶也。逝者錫蘋蘩、猶生者之開茅土。古封建子弟。詎皆有功。生無所議、死乃援禮停祠、人其謂何。隱於上、伯祖也。服緦。章懷、伯父也。服朞。懿德・節愍、堂昆弟也。服大功。親未盡、廟不可廢。」禮部尚書鄭惟忠等二十七人亦附其言。於是四陵廟惟減吏卒半、它如舊。

とし、死んだ子弟にお供えをするのは、生きていれば封建するのと同じことであって、功績は関係がないので、廟を廃すべきでないことを述べている。

結局、「是こに於いて四陵廟は惟だ吏卒を半ばに減らし、它は旧の如くす」とあるように四陵廟に仕える吏

卒を半分に減らすだけで、他はこれまで通り祀ることが決定している。

二　子孫による祭祀と国家による祭祀

陳貞節の上言から十九年後の開元二二（七三四）年の詔勅では、『冊府元亀』巻六二一、卿監部、司宗に、

> （開元）二十二年七月、勅して曰く、「諸もろの贈太子、須年（頃の誤り）官　為に廟を主り、並びに享祀を致す。礼　帰厚せんと欲すと雖も、情　実に未だ安んぜず。蒸嘗の時、子孫預からず、若し専ら官をして祭らしめば、是れ疏を以て親を間《へだ》て、遂に此れ常と為らん。豈に孝を教うと云わんや。其れ諸もろの贈太子　後有る者は、但だ官は廟を置くのみにして、各おの子孫をして自ら主祭せしめ、其の署及び官　悉く停む。若し後無き者は、宜しく旧に依るべし。」と。
>
> 二十二年七月、勅曰、「諸贈太子、須年官爲主廟、並致享祀。雖禮欲歸厚、而情實未安。蒸嘗之時、子孫不預、若專令官祭、是以疏間親、遂此爲常。豈云教孝。其諸贈太子有後者、但官置廟、各令子孫自主祭、其署及官悉停。若無後者、宜依舊。」

とあるように、改めて陳貞節の上言の内容が採用され、皇太子を追贈された者に子孫がいる場合、その子孫が祭祀をおこなうように定められた。

この詔勅が下された七月は、玄宗の弟である業が薨去し、恵宣太子を追贈されている。以前の四太子の他に、玄宗はすでに兄である恵荘太子、弟である恵文太子らに追贈していた。

まず、恵荘太子であるが、彼は睿宗の第二子で、柳氏との間に生まれ、開元十二（七二四）年に病によって薨去している。また、恵文太子は、睿宗の第四子で、恵荘太子薨去の二年後の開元十四（七二六）年に病に

よって薨去している。最後に恵宣太子は、睿宗の第五子である。彼は先述の通り、開元二十二年に薨去している。彼ら三太子は、以前の四太子と異なり、一度も立太子されていないにもかかわらず、皇太子を追贈されている。これはこれまでに先例のない追贈であった。

従って、玄宗は結果的に三つの太子廟を建てることとなり、それ以前の四太子と合わせると、七つの太子廟が建てられたことになる。新たに三名の太子廟が作られたことで、その扱いを整理するために、再び太子廟祭祀の議論が巻き起こったと推測される。しかし、この太子の子孫に祭らせるというやり方は長く続かなかった。

天宝六（七四七）載になると、『冊府元亀』巻八六、帝王部、赦宥五に、

（天宝六載）諸廟の主は、礼　合祭に遵う有り、同等なれば則ち祔すは、義も亦た旁通を取る。恵宣等太子は官為に廟を立つと雖も、比来　子孫自ら祭り、或いは時物闕有りて、礼儀備わらず、興言此れに及べば、良に用て憮然たり。宜しく隠太子及び懿徳太子と諸室に列次し、一の寛き処を択揀して同に廟と為し、一応の祭祀及び楽饌等並びに官供せしむべし。差毎に祭官は、宜しく常式に依るべし。仍お都て廟官及び丞等を置き、自余　廃する所の廟官等は、並びに宜しく減省すべし。

諸廟之主、禮有遵於合祭、同等則祔、義亦取於旁通。恵宣等太子雖官爲立廟、比來子孫自祭、或時物有闕、禮儀不備、興言及此、良用憮然。宜與隠太子及懿徳太子列次諸室、擇揀一寛處同爲廟、一應祭祀及樂饌等並令官供。毎差祭官、宜依常式。仍都置廟官及丞等、自餘所廢廟官等、並宜減省。

とある。開元二二年に、太子廟を子孫に祭らせるように定めたものの、礼儀が備わっていなかった。そのため、これまでの太子廟をまとめて、七太子廟として一カ所に置き、正しく祭祀をおこなうために、開元三年と

同様、国家が祭祀を掌るようになった。[12] 事実、『冊府元亀』巻五九二、掌礼部、奏議二十には、

天寶初め、七太子廟を置き、異室同堂とするは、國朝の故事にして、以て師法とするに足る。

天寶初、置七太子廟、異室同堂、國朝故事、足以師法。

とあることからも、当時太子廟を一箇所にまとめたことがわかる。

玄宗の時代は、太子廟の祭祀を国家がおこなうか、太子廟に祭られた者の子孫がおこなうか、揺れ動いた時代であった。しかし最終的に、太子廟は国家祭祀として祀られるようになったのである。

三　粛宗による四時享献の停止

粛宗の上元元（七六〇）年になると、『旧唐書』巻二四、礼儀志に、

粛宗上元元年閏四月、改元し、制して歳倹を以て、中小祠の享祭を停む。

肅宗上元元年閏四月、改元、制以歳儉、停中小祠享祭。

とあり、上元元年に、凶作であることから、中小祀の享祭が停められていることがわかる。上元元年は、長雨が続き、米価が高騰したことが本紀にも記されている。[13] また、『通典』巻四七、吉礼六、皇太子及皇子宗廟において、

上元二（七六一）年二月、礼儀使・太常卿杜鴻漸奏すらく、「譲帝・七廟等、請うらくは四時の享献を停めんことを。禘祫の月に至る毎に、則ち一祭す。楽は登歌一部を用い、牲献罇俎の礼は、太廟一室の儀と

同じくせん。」と。

上元二年二月、禮儀使・太常卿杜鴻漸奏、「讓帝・七廟等、請停四時享獻。毎至禘祫之月、則一祭焉。樂用登歌一部、牲獻罇俎之禮、同太廟一室之儀。」

とあるように、上元二年に、讓皇帝廟と七廟の四時享献を停め、禘祫の月に一度祭祀をおこなうようにすることが上奏されている。七廟とは、七太子廟のことで、四時享献とは、季節毎に儀礼をすることである。ここでは、皇太子廟とともに、讓皇帝の名もみえる。ここで取り上げられた讓皇帝は、玄宗の兄で、皇帝号を追贈され(14)たが、太廟などには祀られず、讓皇帝廟として祀られていた。太子廟と異なり、皇帝廟ゆえに大祀として祀られたが、ここで七太子廟とともに祀られることが決まっている。皇帝廟は大祀、太子廟は小祀というように祭祀の等差はあるものの、太子廟と同じように扱われている。これ以後、皇帝号を追贈される皇子は存在するが、祭祀に関しては讓皇帝と同様である。

太子廟の四時享献が最終的に停められたかどうかは、『通典』に記されていないため、詳細は不明であるが、中祀にあたる太子廟(15)の享献も停められたと考えて間違いないだろう。

太子廟祭祀についての議論は、開元初めに陳貞節によっておこなわれ、国が祭祀をおこなうべきか、子孫が祭祀をおこなうべきか、争われた。国がおこなっていた太子廟祭祀は、一度は子孫によっておこなうことになったが、結果的に一箇所にまとめて国が祭祀をおこなうことになった。しかし、それも上元年間の凶作の影響によって、中小祀の享祭が停められ、それによって中祀であった太子廟も停められることとなったのである。その後、徳宗時代になると再び太子廟祭祀がおこなわれるようになる。

第二節　太子廟祭祀の再開と新たな太子廟

一　徳宗による太子廟祭祀の再開

徳宗は新たに文敬太子廟の設置をおこない、太子廟祭祀を再開しているが、彼は太子廟だけでなく、粛宗の時に停められていた中祀自体を再開している。例えば同じく中祀である武成王廟は、上元元年に祭られなくなるが、徳宗の時代になってから、祭祀が復活している。『新唐書』巻十五、礼楽志には、

上元元年、太公を尊び武成王と為し、祭典は与《み》な文宣王に比《なら》い、歴代の良将を以て十哲の象を爲り坐して侍らしむ。（中略）後　中祀罷み、遂に祭らず。建中三（七八二）年、礼儀使顔真卿奏すらく、「武成廟を治むるに、請うらくは月令の春・秋の釈奠の如くせんことを。其れ追封するに王を以てし、宜しく諸侯の数を用て、楽奏軒県すべし。」と。史館に詔して配享すべき者を考定し、古今の名将凡そ六十四人を図形に列す。

上元元年、尊太公爲武成王、祭典與文宣王比、以歷代良將爲十哲象坐侍。（中略）後罷中祀、遂不祭。建中三年、禮儀使顏眞卿奏、「治武成廟、請如月令春・秋釋奠。其追封以王、宜用諸侯之數、樂奏軒縣。」詔史館考定可配享者、列古今名將凡六十四人圖形焉。

とあるように、徳宗は粛宗の時に停められた中祀を再びおこなっている。(16) さらに徳宗貞元年間には禘祫についての議論も盛んにおこなわれている。戸崎哲彦氏によると、この時期に太廟・禘祫で被祭者の首位をめぐって

論争が発生し、制度が大きく変わったという[17]。多数の士大夫らを巻き込んだ議論は、建中二（七八一）年に起こり、貞元十九（八〇三）年に決着することになるが、おそらく太子廟も貞元年間の禘祫の議論から波及して議論されることになったのであろう。『唐会要』巻十九、諸太子廟に、

貞元十五（七九九）年九月、文敬太子廟を常安坊に置き、祭令各おの一人。四時奠を献ず。太子家令　祭主と為し、牲牢楽饌、所司供備す。太常博士一人相礼す。

貞元十五年九月、置文敬太子廟于常安坊、祭令各一人。四時獻奠。太子家令爲祭主、牲牢樂饌、所司供備。太常博士一人相禮。

とある。文敬太子は、徳宗の子である順宗の子、つまり徳宗の孫であるにもかかわらず、徳宗の養子となった特殊な経歴の持ち主である。詳細は不明であるが、彼は祖父である徳宗から寵愛されており、さらに十八歳という若さで薨去したことから、徳宗は彼を哀れみ、彼のために廟を建て、四時献奠をおこなったのであろう。

また、上元二年から貞元年間までに、代宗の子である邈が早逝し、昭靖太子とされているが、この昭靖太子の廟については、『唐会要』にも列伝にも全く触れられていないため、太子廟は建てられなかったと考えられる。おそらく、先述の中小祀の享祭が停められていたことが影響しているのであろう。中祀にあたる太子廟祭祀が停められていたため、太子廟も建てられなかったのである。徳宗期において、中祀が再びおこなわれるようになり、それに伴って太子廟の祭祀もおこなわれるようになったと思われる。

二　憲宗による官僚の削減と皇太子の薨去

徳宗、順宗が続けざまに崩御し、憲宗が即位すると、『唐会要』巻十九、諸太子廟に、

元和元（八〇六）年、太常寺奏すらく、「七太子廟、文敬・恭懿太子[18]は、両京　皆な是れ旁親たり。伏して礼経を詳らかにするに、文　享祀無く、官員　設くる所、深く宜しきに非ざるを恐る。其の両京の官吏、並びに勒停を請う。其の屋宇　請うらくは宗正寺をして勾当せしめんことを。」と。勅旨に「依准せよ。」とあり。其れ見任官は考　満つるの日至らば停む。其の日、又た文敬太子廟に勅して、量りて令一員、府史一人、三衛二人を留め、余並びに停む。

元和元年、太常寺奏、「七太子廟、文敬・恭懿太子、両京皆是旁親。伏詳禮經、無文享祀、官員所設、深恐非宜。其両京官吏、並請勒停。其屋宇請令宗正寺勾當者。」勅旨「依准。」。其見任官至考滿日停。其日、又勅文敬太子廟、量留令一員、府史一人、三衛二人、餘並停。

とあるように、廟の管理をおこなう官僚が削減されている。このように憲宗は即位後早速太子廟の縮小へと舵を切ったのだった。しかし、その五年後には皇太子の薨去に見舞われる。『旧唐書』巻一七五、恵昭太子伝には以下のようにある。

恵昭太子寧、憲宗の長子なり。（中略）（元和）四（八〇九）年閏三月、立てて皇太子と為す。（中略）元和六（八一一）年十二月薨じ、年十九、廃朝すること十三日。（中略）諡して恵昭と曰う。

惠昭太子寧、憲宗長子也。（中略）四年閏三月、立爲皇太子。（中略）元和六年十二月薨、年十九、廢朝十三日。（中略）謚曰惠昭。

李寧は元和四年に立太子され、その二年後に皇太子のまま薨去した。ここではその薨礼について詳しく述べられていないが、李寧の太子廟祭祀がおこなわれていたかどうかについては、後の敬宗の時代に少し触れられている。『冊府元亀』巻五九一、掌礼部、奏議十九には、「（宝暦二年）又た追謚文敬太子廟は常安坊に在り、追謚恵明（昭の誤り）太子廟は懐真坊に在り（又追諡文敬太子廟在常安坊、追諡惠明太子廟在懷眞坊）」とあることから、恵昭太子廟は、他の太子廟と同じく四時享献がおこなわれたことがわかる。憲宗の時代に廟の管理をおこなう官僚が削減された太子廟は、敬宗の時代になると、さらなる削減へと向かうことになる。

三　宝暦年間の決定とその後

宝暦二（八二六）年は敬宗が即位した翌年である。前述の『冊府元亀』巻五九一、掌礼部、奏議十九に、

（敬宗）宝暦二年二月、太常奏すらく、「（中略）又た追諡文敬太子廟は常安坊に在り、追諡恵明（昭の誤り）太子廟は懐真坊に在り、悉く官吏を置き、四時享を置くは、礼経　文無し。況んや九廟逓遷し、族属弥いよ遠し。推恩降殺し、祼献宜しく停むべし。又た贈奉天皇帝廟・贈承天皇帝廟・贈貞順皇后廟、及び永崇坊の隠太子已下七室下は、同に一廟と為し、並びに贈靖恭太子も亦た祔して此の廟に在り。凡そ此の制置は、皆な是れ追崇、或いは一時に徇い、且つ礼意に非ず。日月既に久しく、祀享尋いで停む。其の神主　望むらくは故事に准り、廟地に瘞めよ。庶わくは情礼終始し、経訓を失せざらんことを。」と。

寶曆二年二月、太常奏、「（中略）又追諡文敬太子廟在常安坊、追諡惠明太子廟在懷眞坊、悉置官吏、四時置享、禮經無文。況九廟遞遷、族屬彌遠、推恩降殺、祼獻宜停。又贈奉天皇帝廟・贈承天皇帝廟・贈貞順皇后廟、及永崇坊隱太子已下七室下、同爲一廟、並贈靖恭太子亦祔在此廟。凡此制置、皆是追崇、或徇一時、且非禮意。日月既久、祀享尋停。其神主望准故事、瘞於廟地。庶情禮終始、不失經訓。」

とあり、このとき太常が文敬太子廟と恵昭太子廟の四時享献・祼献をやめることを上奏している。祼献とは、香りのついた酒を地面にそそいで、死者をこの世に呼び戻す儀礼である。これに対して前引の箇所に続けて、

劉敦儒は以下のように述べる。彼の意見は大きく二つに分けられる。

（劉）敦儒奏して曰く、「（中略）伏して以らく、恵昭太子は位　儲闈に登り、業は主鬯に当たる。親は則ち高祖神尭皇帝の宗子、属は則ち皇帝の伯祖父と為す。礼文は旁親に服すること無しと雖も、骨肉の恩、宗子に移らず。（中略）礼官或いは云えらく、恵昭太子　東宮を棄つるの日、已に殤年を過ぎ、若し合に祼享すべくんば、宜しく祭を同じくすべし、と。臣以為らく古は奥に処き、今廟に祀るは、成人を以てせずと雖も、別けて亦た殤を過ぐるの禮に合う[19]。又た或いは云えらく若し成人を以てしても、合に主後有るべし。臣以為らく恵昭太子の裔嗣、皆な宮中に在り、未だ勝冠し、自ずから宜しく奠を抱くべからざるが若し。文　同姓を以て尸と為す者は、今但だ宗正の官属をして奠を主らしめば、即ち雅だ祀典に符す。其れ文敬太子の生きては本に繋かるの重きに非ず、歿しては追命の栄有り。今　皇帝に於いて曽叔祖為りて、大功の親に非ず、礼経は庶為りて、服属已に遠し。常祀に列すれば、実に経に非ずと為す。請うらくは太常の奏する所に依れ。」と。

敦儒奏曰、「（中略）伏以恵昭太子位登儲闈、業當主鬯。親則高祖神堯皇帝之宗子、屬則於皇帝爲伯祖父。雖禮文於旁親無服、而骨肉之恩、不移於宗子。（中略）禮官或云、恵昭太子棄東宮之日、已過殤年。若合祼享、宜同祭。臣以爲古處於奥、今祀於廟、雖不以成人、而別以合過殤之禮矣。又或云若以成人、含有主後。臣以爲恵昭太子裔嗣、皆在宮中、若未勝冠、自宜抱奠。文以同姓爲尸者、今但令宗正官屬主奠、卽雅符祀典矣。其文敬太子生非繫本之重、歿有追命之榮。今於皇帝爲曾叔祖、非大功之親、禮經爲庶、而服屬已遠。列於常祀、實爲非經。請依太常所奏。」

まず、恵昭太子と文敬太子についてである。恵昭太子については、「位　儲闈に登り、業は主鬯に当たる。親は則ち高祖神尭皇帝の宗子、属は則ち皇帝の伯祖父と為す」、「今但だ宗正の官属をして奠を主らしめば、即ち雅だ祀典に符す」とあるように、敬宗にとって恵昭太子は同じく憲宗を祖とするので、恵昭太子の後嗣が幼いうちは宗正の官属に祀らせて四時享献・裸享をおこなうほうがよい、ということを述べる。一方で文敬太子については、敬宗に続く本宗に繋がらないため、太常がいうように、四時享献・裸献をおこなわないことが求められている。劉敦儒は続けて、

又た隠太子以下の神主は、或いは累朝の嫡嗣、或いは聖代の名藩たり。今其の子孫皆な列土に居り、因縁して禄を食み、亦た承家と謂い、各おの自ら廟祧に列せしめ、用て厳配を申ぶ。臣伏して詳らかにするに開元中に勅して諸もろの贈太子後有る者は、咸な自ら其の祭を主らしむ。今請うらくは復た此の制を行い、各おの子孫をして神主を奉迎し、私廟に帰祔せしめんことを。庶わくは別子　祖と為し、列国　不祧の尊に符し、遠裔家に伝え、聖王教孝の典に聞こえんことを。其れ後無きの廟、及び真順皇后（貞順の誤り）の神主、即ち太常の奏する所に依らんことを請う。（中略）」と。制して可とす。

又隠太子以下神主、或累朝嫡嗣、或聖代名藩。今其子孫皆居列土、因緣食祿、亦謂承家、各令自列廟祧、用申嚴配。臣伏詳開元中勅諸贈太子有後者、咸令自主其祭。今請復行此制、各使子孫奉迎神主、歸祔私廟。庶別子爲祖、符列國不祧之尊、遠裔傳家、聞聖王敎孝之典。其無後之廟、及眞順皇后神主、卽請依太常所奏。（中略）」制可。

と述べ、隠太子以下の神主については、前述の『冊府元亀』の宝暦二年二月の太常の上奏で述べているように、すでに祭祀はおこなわれていなかった。そこで開元年間のように子孫が私廟に祭ることが求められている。そしてこの議論では最終的に、唐代で初めて皇太子のまま薨去した恵昭太子以外の国家による祭祀をやめることが決まっているのである。

その後の文宗の大和四（八三〇）年には、さらに太子廟の議論がおこなわれている。宝暦二年の奏議によって、七太子廟や文敬太子の国による祭祀はおこなわないことが決定されたが、文敬太子廟については、『唐会要』巻十九、太子廟に、

大和四年四月に至り、太常寺奏して、「文敬太子廟、大和元（八二七）年十一月二十三日の勅に准じ、裸献を停め、大和二年従り、四時享献並びに停む。伏して七太子及び靖恭太子の例に准じ、廟享既に絶てば、神主理として合に埋瘞すべし。」と。之に従う。

至大和四年四月、太常寺奏、「文敬太子廟、准大和元年十一月二十三日勅、停裸獻、従大和二年、四時享獻並停。伏准七太子及靖恭太子例、廟享既絶、神主理合埋瘞。」従之。

とあり、大和元年に裸献が停められ、大和二年に四時享献が停められていることがわかる。文敬太子廟についても、七太子・靖恭太子と同様に、太子廟祭祀をおこなわなくなったことは明白である。

徳宗から再びおこなわれるようになった太子廟祭祀は、敬宗の時代になると、再びおこなわなくなったのである。しかし、皇太子として薨去した恵昭太子だけは、継続されることとなった。

江川式部氏は徳宗の貞元期に盛んにおこなわれた廟議を取り上げ、徳宗が敢えて議論を継続させたことについて、彼自身の礼重視の姿勢を明示するほかに、全ての官僚たちに対し太廟の祭祀を国の大事として意識させるためであるとしている。[20] 徳宗が太子廟祭祀を再開した理由も、ここにあるのではないか。

第三節　文宗による追贈と太子廟祭祀

一　皇太子号の追贈と皇太子の薨去

文宗は、新たに二人の皇子に対して、皇太子号の追贈をおこなっている。悼懐太子普と懐懿太子湊である。『旧唐書』巻一七五、悼懐太子伝に、

悼懐太子普、敬宗の長子なり。母は郭妃と曰う。宝暦元（八二五）年、晋王に封ぜらる。大和二（八二八）年薨ず。年五歳。上之を撫念すること甚だ厚く、冊して悼懐太子を贈る。
悼懐太子普、敬宗長子也。母曰郭妃。寶暦元年、封晉王。大和二年薨、年五歳。上撫念之甚厚、冊贈悼懷太子。

とあるように、悼懐太子普は敬宗の長子で、文宗にとっては甥にあたる。文宗の大和二年に五歳で薨去し、その年に悼懐太子として皇太子号を追贈されている。

懐懿太子湊については、『新唐書』巻八二、懐懿太子伝に、

（大和）八（八三四）年薨じ、斉王を贈らる。（鄭）注　後に罪を以て誅せられ、帝は湊の譏られ死して自ら明らかにせざるを哀しみて、開成三（八三八）年に追贈す。
八年薨、贈齊王。注後以罪誅、帝哀湊被譏死不自明、開成三年追贈。

とあるように、懐懿太子湊は穆宗の子で、文宗の弟にあたる。文宗と宦官らの政権争いに巻き込まれ、黜けら

れ、大和八年に薨去している。その後、名誉回復され、開成三年に皇太子号を追贈されている。

また、文宗の時代には、追贈だけでなく、皇太子自体の薨去も見られる。荘恪太子永である。『旧唐書』巻一七五、荘恪太子伝に、

> 荘恪太子永、文宗の長子なり。（中略）大和四（八三〇）年正月、魯王に封ぜらる。（中略）（大和六［八三二］年）其年十月、詔を降し冊して皇太子と為す。上即位してより、敬宗の盤遊荒怠の後を承け、恭倹して惕れ慎しみ、以て天下を安んずるに、晋王（悼懐太子）の謹愿を以て、且に建てて儲貳と為さんと欲す。未だ幾ばくならずして、晋王薨じ、上　哀悼すること甚だしく、復た東宮の事を言わざること之を久しくす。（中略）開成三（八三八）年、上　皇太子の宴遊度を敗り、教導すべからざるを以て、将に廃黜を議さんとす。（中略）其年薨ず。
>
> 荘恪太子永、文宗長子也。（中略）大和四年正月、封魯王。（中略）其年十月、降詔册爲皇太子。上自卽位、承敬宗盤遊荒怠之後、恭檢惕愼、以安天下、以晉王謹愿、且欲建爲儲貳。未幾、晉王薨、上哀悼甚、不復言東宮事久之。（中略）開成三年、上以皇太子宴遊敗度、不可教導、將議廢黜。（中略）其年薨。

とあり、彼は文宗の長子で、皇太子であった。しかし遊び好きで教導することができず、廃立を考えていたおり、開成三年に薨去している。

穆宗
- 敬宗 ― 悼懐太子
- 文宗 ― 荘恪太子
- 懐懿太子

つまり文宗は、初めに甥に対して追贈をおこない、自身の子で皇太子であった荘恪太子が薨去した際に、同時に弟に対して追贈していることがわかる（附表参照）。そして、後述するように彼等は太子廟で祀られることになった。

二　文宗による太子廟祭祀

文宗は大和四年から開成三年の間に三人の皇太子廟を作ったことになる。そしてそれら太子廟については、これまでと同様、どのように処置するか議論がなされたのである。『冊府元亀』巻五九二、掌礼部、奏議二十に、

（開成）三（八三八）年二月、（王）起　太常少卿裴泰章・太常少卿兼権勾当国子司業楊敬之・太常博士崔立等と与に状奏すらく、「今月十日堂帖に准ずるに、天宝初め、七太子廟を置き、異室同堂とするは、国朝の故事にして、以て師法とするに足る。今懐懿太子の神主を以て、恵昭及び悼懐太子の廟に祔さんことを聞奏せんと欲すは、情　礼に虧かず、又た甚だ便宜なり。（中略）然らば則ち太子廟　近代に出で、或いは他処に散在し、別に一室を置き、或いは尊卑序列し、共に一堂を立つ。伏して国初に准ずるに、太子廟散して諸坊に在り、天宝六載の赦文に至り、章懐・節愍・恵宣等太子、宜しく隠太子と列次し、同に一廟と為し、応縁《およそ》祭事は、並びに合《まさ》に官給すべし。号して七太子廟と為す。又た大暦三（七六八）年三月に准ずるに、栄王　天宝中に静恭（靖の誤り）太子を追贈せられ、神主未だ祔さざるを以て、詔して七太子廟に祔し、一室を加う。今懐懿太子は姪為れば、姪を以て叔に祔するは、享献　宜しきを得。請うらくは、恵昭太子廟に於いて一室を添置し、日を択びて升祔せんことを。」と。之に従う。

三年二月、起與太常少卿裴泰章・太常少卿兼權勾當國子司業楊敬之・太常博士崔立等狀奏、「准今月十日堂帖、

天寶初、置七太子廟、異室同堂、國朝故事、足以師法。今欲聞奏、以懷懿太子神主、祔惠昭及悼懷太子廟、不虧情禮、又甚便宜。（中略）然則太子廟出於近代、或散在他處、別置一室、或尊卑序列、共立一堂。伏准國初、太子廟散在諸坊、至天寶六載赦文、章懷・節愍・惠宣等太子、宜與隱太子列次、同爲一廟、應緣祭事、並合官給。號爲七太子廟。又准大曆三年三月、以榮王天寶中追贈靜恭太子、神主未祔、詔祔七太子廟、加一室。今懷懿太子爲姪、以姪祔叔、享獻得宜。請於惠昭太子廟添置一室、擇日升祔。」從之。

とあり、開成三年に、恵昭太子廟・悼懐太子廟・懐懿太子廟を七太子廟のようにあわせて祭祀をおこなうことが議論されている。このことから恵昭太子と、文宗が新たに建てた悼懐太子廟・懐懿太子は、国が祭祀を執りおこなうことになっていたことは明白である。

三　太子廟祭祀のその後

文宗の後、太子廟はどうなったか。宣宗の治世では、恵昭太子廟・悼懐太子廟・懐懿太子廟・荘恪太子廟の四つの太子廟が問題となっている。『唐会要』巻十九、諸太子廟に、

（宣宗）大中六（八五二）年十一月、太常博士白弘儒奏すらく、「伏して以らく恵昭太子廟〈元和七［八一二］年立つ〉・悼懐太子廟〈太和四［八三〇］年立つ〉・懐懿太子廟〈開成三［八三八］年、恵昭太子廟に入る〉・荘恪太子廟〈開成三年立つ〉、前件の太子四室は、共に三廟を置き、修飾に当たる毎に、其の費用極めて多きに至り、四時の奠享、所司未だ必ずしも豊潔ならず。三処　事を行い、人力実に労煩と謂う。将に其の便宜を求めんと欲すれば、移して一廟に就くに若くは莫し。（中略）伏して以らく荘恪太子廟、地　実に高敞にして、建立又た新し。只だ一間を添うるのみにして、三室を容るべし。費やす所益ます寡なく、其の利実に繁く、止だ安に即くのみに非ずして、以て永逸なるべし。請うらくは修理畢わるを待

ち、日を択びて礼を備え、諸太子の神主を遷し、皆な荘恪廟中に祔せんことを。(後略)」と。

大中六年十一月、太常博士白弘儒奏、「伏以恵昭太子廟〈元和七年立〉、悼懐太子廟〈太和四年立〉、懐懿太子廟〈開成三年、入恵昭太子廟〉、荘恪太子廟〈開成三年立〉、前件太子四室、共置三廟、毎當修飾、至其費用極多、四時奠享、所司未必豊潔。三處行事、人力實謂勞煩。將欲求其便宜、莫若移就一廟。(中略)伏以荘恪太子廟、地實高敞、建立又新。只添一間、可容三室。所費益寡、其利實繁、非止即安、可以永逸。請待修理畢、擇日備禮、遷諸太子神主、皆祔荘恪廟中。(後略)。」

とある。恵昭太子廟・悼懐太子廟・懐懿太子廟は、上述した開成三(八三八)年二月の議論から一つの場所にあわせて祀ることが記されていたが、ここでの上奏文をみると、恵昭太子廟に懐懿太子廟は祔されているが、悼懐太子廟は祔されておらず、別に建てられていたことがわかる。この上奏文を受け、議論を重ね、さらに太常礼院が上奏していうには、「今従卑就尊・刱置年月に拠れば、即ち合に懐懿太子以下三廟を移し恵昭太子廟に就くべし。地既に卑下にして、多く浸湿有りて、経久すべきに非ず。荘恪太子廟、地　高敞に居り、屋更に寛広たり(今據従卑就尊・刱置年月、即合移懐懿太子以下三廟就恵昭太子廟。地既卑下、多有浸濕、非可經久。荘恪太子廟、地居高敞、屋更寛廣)」と述べられており、懐懿太子廟以下三廟が恵昭太子廟にあわせて祔されなかったのは、恵昭太子と懐懿太子の廟がある場所は湿気が多く、永く安置できないと考えられたからと思われる。実際、恵昭太子に附されたのが、悼懐太子であったのか、それとも懐懿太子であったのかについては、他に史料がなく、現在において詳細は不明であるが、文宗の時代以降、国が祭祀を執りおこなうことになり、一箇所にまとめようとしたことは、間違いないだろう。

あくまで具体的なことはわからないが、大中六年に再び太子廟について議論されたのは、宣宗の子である靖懐太子が薨去し、皇太子号を追贈されていることに原因があるかもしれない。靖懐太子については、宣宗の長子ではなかったこと以外、詳細は不明である。

この大中六年の議論で重要なのは、皇太子のまま薨去した恵昭太子廟と、文宗が建てた三つの太子廟は当時四時享献されていたことである。そして、最終的には七太子廟のように一つの場所に祔すことが決まっている。しかし、七太子廟とは異なり、私廟として子孫に祭らせることは求められておらず、国が祭祀をおこなうことで結論づけられているのである。そしてこれ以後、太子廟に関する記載は史料からはみられなくなる。

以上のように、文宗は初めに甥の晋王普に対して悼懐太子を追贈している。悼懐太子は兄であるとともに先帝である敬宗の長子である。敬宗は若くして崩御し、宦官らの権力争いの結果、文宗は即位している。そのため前述の『旧唐書』巻一七五、荘恪太子伝に、「上即位してより、敬宗の盤遊荒怠の後を承け、恭倹して惕れ慎しみ、以て天下を安んずるに、晋王の謹愿を以て、且に建てて儲貳と為さんと欲す」とあることからも、文宗の悼懐太子普に対する処遇は、後々に後継者争いが起こる可能性も含めて、慎重になる必要があったと考えられる。結果的に悼懐太子は五歳で薨去するが、先帝が彼を立太子しようと考えていたおり、早逝したことから、手厚く祀ることが決定したのであろう。

また、文宗は自身の子で皇太子であった荘恪太子が薨去した開成三（八三八）年に、同時に弟に対して追贈していることがわかる。その三年前の大和九（八三五）年には、文宗が宦官勢力を排除しようとして失敗する、いわゆる甘露の変が起こっている。これによって宦官が実権を掌握することになるが、甘露の変後も文宗は聴政制度の諸改革をおこない、政治に対する能動性を取り戻そうと模索している(21)。その中で文宗は聴政制度だけでなく、太子廟祭祀を盛んにおこない、それによって自身の皇帝としての権威を高めようと考えたのではないだろうか。では、太子廟祭祀のいかなる点に皇帝権を誇示できる要素があったのか。次節では、玄宗と文宗がなぜ盛んに太子廟を建て、祭祀をおこなったのか、ということから、唐代における太子廟祭祀の意義について考えてみたい。

第四節　皇帝の兄弟と太子廟祭祀

一　別廟としての太子廟

太子廟の設置と祭祀の流れをみていくと、太子廟の議論について、大きく時代を玄宗、徳宗、文宗の三つに分けられる。

玄宗から太子廟についての議論が始まり、また彼自身も新たに太子廟を作っていった。太子廟は一つにまとめられ、粛宗の時代になると祭祀をおこなわなくなってしまった。しかし、徳宗の時代に再びおこなわれるようになり、憲宗期におこなわれなくなった祭祀は、文宗期には再度おこなわれるようになった。このように、太子廟は、追贈をおこなった皇帝が崩御し、次の皇帝が即位すると官吏の削減、もしくは祭祀の停止が求められるなどの消極的態度が取られるが、皇帝が代わりしばらくするとまたおこなわれるようになる。なぜこのように太子廟祭祀の興廃が繰り返されるのか。それは太子廟もしくは皇帝廟に祀られたその半数が、皇帝の兄弟であることに原因があるだろう。

先述したが、唐代では太宗李世民が皇太子であった兄を殺害した玄武門の変からわかるように、最初期から皇位継承に問題が起こっている。中でも中宗と睿宗の皇位継承は太廟に祔す際に問題となっている。これは玄宗の時代において議論されることになった。

睿宗が崩御すると、太廟は七代となり、誰を太廟に祔すべきかが、議論された。そこで起こったのが、中宗を別廟に遷すという議論である。『新唐書』巻二〇〇、儒学伝、陳貞節には、

貞節又た博士蘇献と上言すらく、「睿宗　孝和に於いて、弟なり。賀循の説を按ずるに、兄弟相後と為さず。（中略）兄弟世を共にし、昭穆は位は同じくすれば、則ち兼ねて二廟を毀つべからず。天下を有つ者は、禰に従いて上　七廟に事え、尊ぶ者は広きを統ぶる所にして、故に遠祖に及ぶ。若し兄弟を容るれば、則ち上は祖考を毀ち、天子全ての七世に事うを得ず。請うらくは中宗を以て別廟と為し、大祫すれば則ち合に太祖を食らうべし。睿宗を奉るに高宗を継げば、則ち祼献永く序せ。」と。詔して可とす。乃ち中宗を別廟に奉り、睿宗を升し第七室と為す。

貞節又與博士蘇獻上言、「睿宗於孝和、弟也。按賀循説、兄弟不相爲後。（中略）兄弟共世、昭穆位同、則不可兼毀二廟。有天下者、從禰而上事七廟、尊者所統廣、故及遠祖。若容兄弟、則上毀祖考、天子不得全事七世矣。請以中宗爲別廟、大祫則合食太祖。奉睿宗繼高宗、則祼獻永序。」詔可。乃奉中宗別廟、升睿宗爲第七室。

とあり、別廟に祀るのは、「兄弟相後と為さず」のためであり、明確に分けて太廟に入れないということは、皇位が誰から誰に受け継がれて今に至るかという継承関係を祭祀において明確に示すものである。後に中宗は太廟に戻されるとはいえ、則天武后の周朝から唐朝を復権したばかりの当時において、継承関係を改めて慎重にする必要があったことは間違いないだろう。

また、皇帝廟として祀られた譲皇帝廟については、『冊府元亀』巻五九〇、掌礼部、奏議十八に、

（貞元）九（七九三）年六月、（裴）郁奏議して曰く、「謹んで案ずるに孝敬皇帝の忌は務めを廃せず。伏して以らく譲皇帝は位　正統に非ずして、親は則ち旁尊なり。旧章を詳考するに、合に孝敬に同じたるべ

し。其れ忌日の務めを廃するを罷めんことを請う。」と。詔して可とす。
九年六月、郁奏議曰、「謹案孝敬皇帝忌不廢務。伏以讓皇帝位非正統、親則旁尊。詳考舊章、合同孝敬。其忌日廢務請罷。」詔可。

とあり、皇帝位に即いていないにもかかわらず、皇帝号を追贈された讓皇帝は正統ではなく、孝敬皇帝の時と同じように忌日の務めを廃すべきでないことが上奏されている。この史料から、讓皇帝が正統でなかったことは当時すでに認識されていたことがわかる。つまり、太子廟や皇帝廟などの太廟以外の別廟に祀ることによって、彼らに正統性がないことを天下に示し、それによってその子などに継承権がすでに無いことを明らかにしたかったのではないだろうか。

また、文明元（六八四）年に則天武后によって自殺させられたにもかかわらず、睿宗即位後の景龍四（七一〇）年に追贈された章懐太子も同じように考えられる。章懐太子の廟は、前述した玄宗即位前の四太子廟（隠太子・章懐太子・懿徳太子・節愍太子）に含まれている。この四太子廟の中で注目すべきは、中宗が追贈した懿徳太子と睿宗が追贈した章懐太子である。章懐太子は中宗の兄で、文明元（六八四）年に則天武后により自殺させられ、懿徳太子は中宗の長子で、大足元（七〇一）年に、則天武后に殺されている。中宗の復位後、唐の諸王の待遇が見直され、懿徳太子は神龍元（七〇五）年に皇太子号を追贈された。『資治通鑑』巻二〇八、中宗神龍元年の条に、

武后の誅する所の唐の諸王・妃・主・駙馬等、皆な人の葬埋無く、子孫或いは嶺表に流竄し、或いは拘囚すること歴年、或いは民間に逃匿し、人の傭保と為る。是こに至り、州県に制し其の柩を求訪し、礼を以て改葬し、官爵を追復す。

武后所誅唐諸王・妃・主・駙馬等、皆無人葬埋、子孫或流竄嶺表、或拘囚歴年、或逃匿民間、爲人傭保。至是、制州縣求訪其柩、以禮改葬、追復官爵。

とあり、懿徳太子はこれによって中宗から皇太子号が追贈されたと考えられる。しかし章懐太子はここで追贈されず、神龍元年から五年後、睿宗即位してまもなくの景龍五年に皇太子号を追贈されている。中宗に追贈されなかった章懐太子に、睿宗はなぜ皇太子号を追贈したのか。それは睿宗の皇位継承に原因があるように思われる。中宗の死後、中宗の子である重茂が即位し、韋后が政権を握った。しかし韋后はすぐに誅殺され、重茂が叔父である睿宗に帝位を譲ったのである。そして睿宗は即位する直前に、自身の兄である賢と、中宗の子である重俊（節愍太子）に皇太子号の追贈をおこなっている。

睿宗の同母兄弟は、李弘・李賢・中宗である。睿宗即位時には、李弘は孝敬皇帝が与えられており、李賢だけが王位であった。継承においてはより即位の可能性があった同母兄の李賢や、中宗の子（節愍太子）に対して皇太子号を追贈し、別廟に祀ることで、自身の正統性を示したのである。太廟とは別に太子廟や皇帝廟を作ることで、皇位継承は太廟の順におこなわれ、本来継ぐべきであった皇子やその子孫には正統性がすでにないことを祭祀によって明確に天下に示すことができたのである。

二　皇帝の資質としての孝悌

その一方で、兄弟のために太子廟を建てることは、「親親」、すなわち親族を重視することにも繋がった。前述の『新唐書』巻二〇〇、儒学伝、陳貞節に、「況んや天子　親親を篤くするに以て旁朞に及ぶは、誰か然りと曰ざるか（況天子篤親親以及旁朞、誰不曰然）」とあるように、裴子余の議論においても、「親親を篤くす」るこ

とが好ましく述べられている。実際、中宗は復位してから、親を重んじるように詔勅を出している。『旧唐書』巻七、中宗紀には、

（神龍元〔七〇五〕年三月己丑）詔して曰く、「君臣の朝序、貴賤の礼　斯れ殊なり、兄弟の大倫、先後の儀　亦た異なる。聖人の制、率ね斯の道に由り、朕は茲の宝極に臨み、位は崇高に在り。負扆当陽すれば、宗枝の敬を受くと雖も、退朝私謁すれば、仍お家人の礼を用ゆ。近代以来、軌度に遵うこと罕にして、王及び公主、曲げて私情を致し、姑叔の尊は、子姪に拝し、法に違い礼に背き、情　惻然を用ゆ。今より已後、宜しく革弊に従うべし。安国相王某及び鎮国太平公主は更ごも輒ち衛王重俊兄弟及び長寧公主姉妹等に拝するを得ず。宜しく宗属に告げ、朕の意を知るべし。」と。是れより先、諸王及び公主皆な親を以て貴と為し、天子の子は、諸々の姑叔之に見ゆに必ず先に拝を致し、若し書を致せば則ち称して啓事と為す。上の志は親族を敦睦せしめんと欲す。故に制を下して之を革む。

詔曰、「君臣朝序、貴賤之禮斯殊、兄弟大倫、先後之儀亦異。聖人之制、率由斯道、朕臨茲寶極、位在崇高。負扆當陽、雖受宗枝之敬、退朝私謁、仍用家人之禮。近代以來、罕遵軌度、王及公主、曲致私情、姑叔之尊、拝於子姪、違法背禮、情用惻然。自今已後、宜從革弊。安國相王某及鎭國太平公主更不得輒拜衛王重俊兄弟及長寧公主姉妹等。宜告宗屬、知朕意焉。」先是、諸王及公主皆以親爲貴、天子之子、諸姑叔見之必先致拜、若致書則稱爲啓事。上志欲敦睦親族。故下制革之。

とあり、中宗は親族同士の関係をよくするために、礼に則って子姪が姑叔に対して拝を行うことを求めている。太子廟の建設は、より「親親を篤くす」ることをアピールするためにおこなわれたと考えられる。特に兄弟関係の良いことを示す「孝悌」[22]は、玄宗が注をつけた『孝経』感応章に、

孝悌の至りは、神明に通じ、四海に光《み》ち、通ぜざる所無し。【玄宗注】能く宗廟を敬い、長幼に順い、以て孝悌の心を極むれば、則ち至性　神明に通じ、四海に光つ。故に曰く、「通ぜざる所無し」と。

孝悌之至、通於神明、光于四海、無所不通。【玄宗注】能敬宗廟、順長幼、以極孝悌之心、則至性通於神明、光于四海。故曰、「無所不通」。

とあり、玄宗は「孝悌」に注をつけて「以て孝悌の心を極むれば、則ち至性　神明に通じ、四海に光つ」と述べていることからも、「孝悌」を重要視していたことは明白である。玄宗が殊更に兄弟関係の良さを強調したにもかかわらず、その一方で宗族に対して交友関係を制限しているのは[23]、建前であっても「孝悌」を強調しようとする姿勢が見て取れる。また玄宗以後の粛宗の時代においても、『旧唐書』巻十、粛宗紀に、

（至徳二〔七五七〕載春正月）乃ち詔を下して曰く、「（中略）其れ天下に至孝友悌有りて行い郷閭に著れ旌表に堪うる者は、郡県長官聞奏を採聴し、庶わくは孝子順孫を玄化に沐せしめんことを。」と。

乃下詔曰、「（中略）其天下有至孝友悌行著郷閭堪旌表者、郡縣長官採聽聞奏、庶孝子順孫沐于玄化也。」

とあり、即位後まもなく天下の「至孝友悌の行い」が素晴らしい者を表するよう詔を下していることは、玄宗以後も「孝悌」が特に重視されたことがわかる。

玄武門の変や武韋の禍の影響であろうが、唐朝は親族を尊重する様子が強く見られる。そしてそれは皇帝の資質としても求められるようになった。渡辺信一郎氏は、北朝隋唐期において、人民を支配し得る皇帝の資質の一つとして、「仁孝」を取り上げ述べたが[24]、特に唐代においては、「仁孝」の他に、「孝友」や「友悌」が皇帝の資質として度々取り上げられている。これは他の王朝ではみられないものである。例えば、『旧唐書』巻

十四、順宗紀には、

皇太子純は睿哲温文にして、寛和仁恵なり。孝友の徳、愛敬の誠は、神明に通じ、上下に格《いた》る。

皇太子純睿哲溫文、寬和仁惠。孝友之德、愛敬之誠、通乎神明、格于上下。

とあり、また、『旧唐書』巻一七五、史臣曰条にも、文宗について「文宗は古の睦親を好み、至って友悌に敦し（文宗好古睦親、至敦友悌）」とある。文宗が甘露の変後に、同時に二人の皇子に対して皇太子号を追贈し、太子廟を建てたことも、自身が優れた皇帝であることを天下に示し、それによって自身の求心力を取り戻そうとしておこなったと考えられるだろう。

唐朝はそれまでの王朝と比べると、血統より皇帝個人の功績や資質が問われる王朝であった。太宗が玄武門の変によって兄を殺害したにもかかわらず大きな混乱が起きなかったのは、彼が唐朝建国に圧倒的な功績を立てたためであり、また玄宗が兄の譲皇帝から功績によって皇太子位を譲られていることは、[25]この事実を明確に示している。皇帝たる資質が求められた唐朝ではより強く「孝悌」をアピールするために、これまでなかった太子廟が建てられることになったのである。

おわりに

本章では、唐代の太子廟の変遷について確認し、唐代における太子廟建設の意義について考察した。その結果、太子廟祭祀は興廃を繰り返しつつ、唐代末まで続けられたことが明らかとなった。そして、その太子廟には、皇帝の兄弟が主に祀られており、皇帝の祖先を祀る正統性のある太廟とは別で、太子廟に祀ることによって、その兄弟が太廟に祀られない者、つまり正統ではないことを明確に天下に示し、またそれと同時に、太子廟によって兄弟を手厚く祀ることで、兄弟関係のよいことを示す悌を強調し、皇帝たる資質を備えていることをアピールするものであったのである。そしてそれによって、唐代では多くの太子廟が建てられることになったといえる。

唐代は皇帝に対して、血統だけでなく功績や資質が求められた時代であった。そのため、早くから玄武門の変など皇位継承問題が起き、兄弟継承も多くされるようになった。しかし、兄弟による継承は「兄弟相後に為さず」とあるように本来例外的なものである。よって君臣関係を明確にするために、太廟に祀らず、太子廟という別廟に祀ることになったと考えられる。

一方で、太子廟の設置は「親親」の重視にも繋がった。唐代では、兄弟関係の良いことを表す「孝悌」を重視しており、この孝悌の重視が、太子廟を積極的に建てられることになったのと関係していると考えられる。また、玄宗が注をつけた『孝経』は唐代の歴代皇太子が行った釈奠でも、よく読まれており[26]、皇太子教育に欠かせないものであった。『孝経』によって「孝悌」の重要性が歴代皇帝に受けつがれたのであろう。

玄宗は、これまでの太子廟祭祀を整理し、新たに兄弟への追贈・太子廟の設置をおこなっている。玄宗には兄がおり、この兄は睿宗の第一次即位、つまり則天武后の即位の前には、立太子され、皇太子となっている。にもかかわらず、睿宗が再度即位した時には、玄宗が、韋后の乱などを鎮めた功績によって長子の兄に譲られて立太子され、皇帝に即位したのである。徳宗は、礼と太廟廟享の重視のために太子廟を再開し、また文宗は宦官の政権争いによって、先帝である敬宗の弟にもかかわらず即位することになっている。特に太子廟を多く建てた玄宗と文宗をみてみると、彼らはどちらも変則的な形で皇帝位に即いている。このため玄宗や文宗は、

附表　皇帝廟・太子廟一覧表

祀られている人物(歿年)	諡号	立廟者	立廟者との關係	追贈された年
建成(三八)	隠太子	太宗	兄	貞観十六(六四二)年
弘(二四)	孝敬皇帝	高宗	子	上元二(六七五)年
重潤(十九)	懿徳太子	中宗	子	神龍元(七〇五)年
賢(三二)	章懐太子	睿宗	兄	景雲元(七一〇)年
重俊(?)	節愍太子	睿宗	甥	景雲元(七一〇)年
撝(?)	恵荘太子	玄宗	兄	開元十二(七二四)年
範(?)	恵文太子	玄宗	弟	開元十四(七二六)年
業(?)	恵宣太子	玄宗	弟	開元二二(七三四)年
憲(六三)	譲皇帝	玄宗	兄	開元二九(七四一)年
琮(?)	靖徳太子	玄宗	子	天宝十一(七五二)載
琬(?)	靖恭太子	玄宗	子	天宝十四(七五五)載?
佋(八)	恭懿太子	粛宗	子	上元元(七六〇)年
琮(?)	奉天皇帝	粛宗	兄	宝応元(七六二)年
倓(?)	承天皇帝	代宗	弟	大暦三(七六八)年
諓(十八)	文敬太子	徳宗	養子	貞元十五(七九九)年
寧(十九)	恵昭太子	憲宗	子	元和六(八一一)年
普(五)	悼懐太子	文宗	甥	大和二(八二八)年
湊(?)	懐懿太子	文宗	弟	開成三(八三八)年
永(?)	荘恪太子	文宗	子	開成三(八三八)年

一層正統性や孝悌を強調したかったと考えられるのではないだろうか。歴代皇帝が太廟を尊ぶのは、祖先祭祀を尊重し、「孝」を尊んでいるからである。そうであれば、太子廟を尊ぶのは、親族を尊重し、「悌」を尊ぶためといえるのではないだろうか。

注

(1) 戸崎哲彦「唐代における太廟制度の変遷」(『彦根論叢』二六二・二六三、一九八九年)、同氏「唐代における禘祫論争とその意義」(『東方学』八〇、一九九〇年)、金子修一『中国古代皇帝祭祀の研究』(岩波書店、二〇〇六年)、江川式部「貞元年間の太廟奏議と唐代後期の礼制改革」(『中国史学』二〇、二〇一〇年)、朱溢『事邦国之神祇—唐至北宋吉礼変遷研究』(上海古籍出版社、二〇一四年)、高明士『中国中古礼律総論—法文化的定型』(商務院書館、二〇一七年)。

(2) 猪俣貴幸「皇后祔廟攷初探—別廟の系譜と唐睿宗の二后を中心に—」(『立命館東洋史学』三八、二〇一五年)。

(3) 『唐会要』巻十九に別廟についての記載がある。

(4) 西晋の愍懐太子は賈皇后に殺され、広陵王として葬られた。しかし、賈皇后の死後、名誉回復され、再び皇太子に冊立されている(『晋書』巻五三、愍懐太子伝参照)。

(5) 『金史』巻三三、礼志。宣孝太子廟。大定二十五年七月、有司奏、「依唐典、故太子置廟、設官屬奉祀。擬於法物庫東建殿三間、南垣及外垣皆一屋三門、東西垣各一屋一門、門設九戟。齋房・神厨、席地之宜。」

(6) 西晋では、太廟に皇太子(孫)が祔された例がある。『晋書』巻十九、礼志には、「而惠帝世愍懷太子・太子二子哀太孫臧・沖太孫尚並祔廟、元帝世、懷帝殤太子又祔廟、號爲陰室四殤。」とある。しかし、これは太廟の奥に祀られたのであり、特に独立した太子廟として祀られ、祭祀がおこなわれたわけではなかった。

(7) 『唐会要』巻十九、太子廟、上海戸籍出版社、二〇〇六年。開元三年、右拾遺陳貞節以諸太子廟不合官供祀享、上疏曰(後略)。

(8) 『旧唐書』巻六四、隠太子建成伝。太宗卽位、追封建成爲息王、謚曰隱、以禮改葬。葬日、太宗於宜秋門哭之甚哀、仍以皇子趙王福爲建成嗣。十六年五月、又追贈皇太子、謚仍依舊。

(9) 『旧唐書』巻八六、章懐太子賢伝。章懷太子賢、字明允、高宗第六子也。(中略)上元二年、孝敬皇帝薨。其年六月、立爲皇太子。（中略）調露二年、（明）崇儼爲盜所殺、則天疑賢所爲。俄使人發其陰謀事、詔令中書侍郎薛元超・黃門侍郎裴炎・御史大夫高智周與法官推鞫之、於東宮馬坊搜得皁甲數百領、乃廢賢爲庶人、幽于別所。永淳二年、遷於巴州。文明元年、則天臨朝、令左金吾將軍丘神勣往巴州檢校賢宅、以備外虞。神勣遂閉於別室、逼令自殺、年三十二。則天擧哀於顯福門、貶神勣爲疊州刺史、追封賢爲雍王。神龍初、追贈司徒、仍遣使迎其喪柩、陪葬於乾陵。睿宗踐祚、又追贈皇太子、謚曰章懷。

(10)『旧唐書』巻八六、懿徳太子重潤伝。懿徳太子重潤、中宗長子也。（中略）及月滿、大赦天下、改元爲永淳。是歲、立爲皇太孫、開府置官屬。及中宗遷於房州、其府坐廢。（中略）中宗卽位、追贈皇太子、謚曰懿德、陪葬乾陵。

(11)『旧唐書』巻八六、節愍太子重俊伝。節愍太子重俊、中宗第三子也。（中略）（神龍）二年秋、立爲皇太子。（中略）三年七月、率左羽林大將軍李多祚・右羽林將軍李思沖・李承況・獨孤禕之・沙吒忠義等、矯制發左右羽林兵及千騎三百餘人、殺三思及崇訓于其第、並殺黨與十餘人。（中略）重俊旣敗、率其屬百餘騎趨肅章門、奔終南山、帝令長上果毅趙思愼率輕騎追之。重俊至鄠縣西十餘里、騎不能屬、唯從奴數人、會日暮憩林下、爲左右所殺。（中略）睿宗卽位、下制曰、「（中略）可贈皇太子。」謚曰節愍、陪葬定陵。

(12) 天宝六載当時には太子廟の他にも、玄宗の兄の李憲もすでに薨去しており、開元二十九（七四一）年に譲皇帝を追贈され、皇帝廟に祀られている。しかし、彼は皇帝廟に祀られたため、ここでの議論には取り上げられていない。

(13)『旧唐書』巻十、粛宗紀。己卯、以星文變異、上御明鳳門、大赦天下、改乾元爲上元。追封周太公望爲武成王、依文宣王例置廟。時大霧、自四月雨至閏月末不止。米價翔貴、人相食、餓死者委骸于路。

(14) 唐代では皇太子廟だけでなく、皇帝廟も見られるが、皇帝廟が始めて置かれたのは、高宗の子であった孝敬皇帝である。彼は皇太子のまま薨去したにもかかわらず、義宗という廟号を贈られた上に、太廟に祔された。しかし、開元初めに太廟から外され、洛陽の孝敬皇帝廟に移されることになった。孝敬皇帝は一度太廟に祔されていることからも、譲皇帝以後の皇帝廟とやや異なっていると考えられるが、史料が少なく、詳細は不明である。（『旧唐書』巻二五、礼儀志参照）。

(15)『旧唐書』巻四三、職官志には、「其差有三。若昊天上帝・皇地祇・神州・宗廟爲大祀。日月星辰・社稷・先代帝王・岳鎭海瀆・帝社・先蠶・孔宣父・齊太公・諸太子廟爲中祀。」とあり、太子廟が中祀に位置づけられていたことがわかる。

(16) 太子廟や武成王廟以外の中祀に當たる祭祀についても、粛宗期に停められ、徳宗期に復活している。また停められたという記載がない祭祀にしても、そのほとんどが粛宗期以前から徳宗期まで議論が全くおこなわれていないことからも、粛宗から徳宗まで、祭祀が停められていたと考えられる。

(17) 戸崎哲彦「唐代における禘祫論争とその意義」（『東方学』八〇、一九九〇年）。

(18) 恭懿太子の廟については、史料がなく、詳細は不明である。彼は粛宗の嫡長子として生まれ、粛宗からの寵愛も受けたが、その時すでに皇太子（代宗）が立てられており、立太子されることはなかった。彼が早逝したことを、粛宗は悲しみ、皇太子号を追贈している。

（19）『冊府元亀』（台湾中華書局、一九八一年景印本［崇禎本］）・『唐会要』では、「而別以過殤之禮矣」とあるが、内閣文庫『冊府元亀』明（崇禎）抄本によれば、ここでは、「列亦合過殤之禮矣」とあるため、ここは内閣文庫本『冊府元亀』による。

（20）江川氏前掲論文、一七五頁。

（21）松本保宣「文宗皇帝の聴政改革」（二〇〇二年初出。『唐王朝の宮城と御前会議―唐代聴政制度の展開』晃洋書房、二〇〇六年所収）。

（22）「孝悌」とは、親への「孝」と、兄弟への「悌」を示したものである。『旧唐書』巻一八八、孝友伝序に、「善父母爲孝、善兄弟爲友。夫善於父母、必能隱身錫類、仁惠逮于胤嗣矣。善於兄弟、必能因心廣濟、德信被于宗族矣。（中略）自昔立身揚名、未有不偕孝友而成者也。前代史官、所伝孝友伝、多錄當時旌表之士、人或微細、非衆所聞、事出閭里、又難詳究。」とあり、「善父母爲孝、善兄弟爲友」とすることが「孝友」という熟語に現れていることがわかる。同じく『新唐書』巻一九五、孝友伝序には、「唐受命二百八十八年、以孝悌名通朝廷者、多閭巷刺草之民、皆得書于史官。」とあり、『新唐書』では孝友伝の序に、「孝悌名通朝廷者」とあることから、「孝悌」と「孝友」が同じ意味で考えられていることがわかる。

（23）『新唐書』巻八一、譲皇帝憲伝には、「諸王日朝側門、既帰、即具楽縦飲、撃毬・闘鶏・馳鷹犬為楽、如是歳月不絶、所至輒中使労賜相踵、世謂天子友悌、古無有者。帝於敦睦蓋天性然、雖讒邪乱其間、而卒無以揺。」とあるが、『冊府元亀』巻一五八、帝王部、誡励には、「（開元十［七二二］年）九月、勅曰、「（中略）勲戚極褒厚之恩、兄弟尽友于之至。務崇敦化、克慎明徳。今小人作孽、已抵憲章、恐不逞之徒、猶未能息。凡在宗属、用申儆誡、自今已後、諸王公・駙馬・外戚等家、除非至親以外、不得与余人交結。其卜祝占相及非類悪人、亦不得遣出入門庭、妄説言語。所以共存至公之道、永協雍和之化、克固藩翰、以保厥休。貴戚懿親、宜書座右。」とあり、諸王公・駙馬・外戚などは、外部の人間と自由に交流できないように、詔勅を下している。

（24）渡辺信一郎「仁孝―六朝隋唐期の社会救済論と国家―」（一九七八年初出。『中国古代国家の思想構造』校倉書房、一九九四年所収）

（25）『旧唐書』巻九五、譲皇帝伝。睿宗践祚、（中略）。時将建儲貳、以成器嫡長、而玄宗有討平韋氏之功、意久不定。（譲皇帝）成器辭曰、「儲副者、天下之公器、時平則先嫡長、國難則歸有功。若失其宜、海内失望、非社稷之福。臣今敢以死請。」

（26）第二章参照。

第五章　唐代の皇太子監国

——皇位継承からみた

はじめに

前章までは、魏晋から唐代までの、皇帝位や皇太子位の変化について考察してきた。では、皇太子自身の功績や能力が重視されるようになった結果、唐代において皇太子と百官の関係はどのようなものになったのか。本章では、皇太子監国制度を考察することで、百官と皇位継承者の関係についてみていきたい。

皇帝は常に都に留まっているわけではない。戦争に赴くこともあれば、巡幸をおこなうこともある。このように皇帝が都を空ける際、皇帝の代わりに政事をおこなうのが、皇太子であり、それを監国というのである。いわゆる太子監国とは、皇帝が都を離れている場合や、何らかの理由で政事をおこなえない場合に、皇帝の代理として皇太子が政事をおこなうことである(1)。

監国制度については、これまで多くの成果が蓄積されているが(2)、なかでも特に興味深いのは、やはり松浦千春氏の論考である。

松浦千春氏は、昭宗崩御の直後に遺詔が出され、その遺詔の中で皇帝即位が命じられず、先に太子監国を命じていることから「皇太子監国」に検討を加え、それによって即位儀礼と帝位継承との関連について言及した。氏は、「皇太子監国」が皇帝存命中の譲位、いわゆる「内禅」と密接な関連性を有すると考え、監国が皇帝の政治執行権限つまり統治権を委任する臨時的措置であったとすれば、祭祀権をも含めた権力と権威とを恒常的に譲り渡すのが内禅である、とする。このことは、皇帝と天子の不分離性が際立っており、天子と皇帝が分離並存するものではなかったことを明らかにしている。松浦氏の論稿は、細微に至るまで示唆に富むものではあるが、あくまで「皇帝」と「天子」が分離並存するものでないということについての議論であり、皇位継承における太子監国の役割については、まだまだ考察の余地があるといえる。

これまで、皇位継承に関わる皇太子監国についての考察は、松浦氏以外述べておらず、松浦氏の研究も、自身が述べるように、氏のこれまでの研究である即位儀礼についての考察の補完的研究ノートである。本章では、唐代の皇太子監国について考察していくために、まず隋以前の太子監国の変遷について一瞥する。その後に唐代の太子監国について検討し、最後に皇位継承に関する皇太子監国について確認することで、唐代における皇太子監国の意義について考えてみたい。

第一節　隋以前の太子監国について

本節では、隋以前の皇太子監国について、主に松浦千春氏[3]と岡部毅史氏[4]の研究に基づき、整理していきたい。

一　南朝における太子監国

『漢書』には「監国」の記載は見られず、明確に皇太子が監国をおこなったとわかるのは、南北朝時代からである。[5]

・劉宋

まず、劉宋から見ていきたい。『宋書』巻十五、礼志には、

（元嘉）二十六（四四九）年二月己亥、上　東巡す。辛亥、二陵に謁す。丁巳、旧京の故老万余人に会い、饗労を往還し、孤疾勤労の家、咸な卹賚を蒙り、赦令を発し、徭役を蠲《のぞ》く。其の時皇太子監国し、有司儀注を奏す。

二十六年二月己亥、上東巡。辛丑、幸京城。辛亥、謁二陵。丁巳、會舊京故老萬餘人、往還饗勞、孤疾勤勞之家、咸蒙卹賚、發赦令、蠲徭役。其時皇太子監國、有司奏儀注。

とある。この時、太子監国をおこなったのは、文帝の長子である劉劭である。劉劭は、六歳の時に立太子され、二十年以上皇太子であったが、最終的に父の文帝を殺害して帝位についた。彼がまだ皇太子だった時、文帝が都を離れている間、監国をおこなっていたことがわかる。

また、『宋書』巻十七、礼志にも、

（大明三〔四五九〕年六月）博士郁議すらく、「春秋を案ずるに、太子　社稷の粢盛を奉り、長子主器たりて、出でて宗廟を守り、以て祭主と為すべきは、易象明文なり。監国の重きは、居然親ら祭る。皇女夭札し、時既に宮を同じくし、三月祭を廃し、礼に於いて宜しく停むべし。」と。

博士郁議、「案春秋、太子奉社稷之粢盛、長子主器、出可守宗廟、以爲祭主、易象明文。監國之重、居然親祭。皇女夭札、時既同宮、三月廢祭、於禮宜停。」

とある。大明三年は孝武帝の治世で、この時監国を行ったのは、前廃帝劉子業である。当時皇帝は「宣武堂」にとどまっていたため、皇太子の子業が監国していたと考えられる[6]。劉宋の太子監国については、本紀に記載

がないため、松浦氏は、『宋書』において監国を国家的な大事とする意識はみられず、また、この史料においては、「監国」の語自体が左伝を踏まえた礼論として比喩的に用いられているだけの可能性もある、として、相当に慎重な判断が必要であることを述べている(7)。

南朝では、劉宋以後になると、太子監国の語自体は見られなくなるが、しばしば皇太子に政治を委任している。順に見ていきたい。

・南斉

南斉では、文恵太子長懋《ぼう》が政治に深く関わっていたと考えられている。『南斉書』巻二一、文恵太子伝に、

明年（永明六年）、上　将に丹陽の領する所の囚、及び南北二百里内の獄に訊ねんとするに、詔して曰く、「獄訟の重きは、政化に先んずる所なり。太子立年して貳と作《な》り、宜しく時に詳覧し、此の訊事は委ねて以て親ら決すべし。」と。太子乃ち玄圃園・宣猷堂に於いて三署の囚を録し、原宥すること各おの差有り。上の晩年遊宴を好み、尚書曹事も亦た分けて太子に送り省視す。

明年、上將訊丹陽所領囚、及南北二百里内獄、詔曰、「獄訟之重、政化所先。太子立年作貳、宜時詳覧、此訊事委以親決。」太子乃於玄圃園宣猷堂録三署囚、原宥各有差。上晩年好遊宴、尚書曹事亦分送太子省視。

とある。文恵太子は、永明六（四八八）年に、録囚をおこなっている。録囚とは、辻正博氏によれば、「知州などの行政長官が獄を視察し、裁判の遅滞や冤罪に苦しむ囚人を救済しようという制度」(8)であり、岡部氏はこれが「恩赦の一種に該当する措置であ」ることから、「その意味でも皇帝権の移譲の一端」(9)であるとしている。

また、この後に、『南斉書』巻二一、文恵太子伝には、「太子年は過立より始め、久しく儲宮に在り、政事に参《まじ》

わるを得れば、内外の百司、咸な旦暮継体と謂う（太子年始過立、久在儲宮、得參政事、内外百司、咸謂旦暮繼體）」ともあり、これについても岡部氏は、「武帝の政務に深く関与していたことを疑いなく、監国に近い状況であった(10)」としている。

・南梁

梁では、昭明太子と蕭綱（簡文帝）が監国をしていたと考えられるが、これについても岡部氏に詳細な研究がある。

まず、昭明太子であるが、『梁書』巻八、昭明太子伝には、

太子元服を加えてより、高祖便ち万機を省《み》せしめ、内外百司事を奏す者は前に填塞す。
太子自加元服、高祖便使省萬機、内外百司奏事者填塞於前。

とあり、高祖は昭明太子に、「萬機を省」させており、政務全般の処理に関わっていたと考えられる。岡部氏はこのことについて、「太子に事案のすべてが任されたと考えるのは無理があるけれども、武帝がその齢を重ねていくにつれ、それに比例して政務参加の度合いも高まっていったことは想像に難くない(11)」と述べている。

さらに蕭綱（簡文帝）が皇太子であった時であるが、『陳書』巻三二、殷不害伝に、

大同五（五三九）年、鎮西府記室参軍に遷り、尋いで本官を以て東宮通事舎人を兼ぬ。是の時朝廷の政事多く東宮に委ね、不害と舎人庾肩吾とは直日事を奏す。梁武帝嘗て肩吾に謂いて曰く、「卿は是れ文学の士、吏事は卿の長ずる所に非ず。何ぞ殷不害をして来たらしめざらんや。」と。

大同五年、遷鎮西府記室參軍、尋以本官兼東宮通事舍人。是時朝廷政事多委東宮、不害與舍人庾肩吾直日奏事。梁武帝嘗謂肩吾曰、「卿是文學之士、吏事非卿所長。何不使殷不害來邪。」

とあり、「是の時朝廷の政事多く東宮に委ぬ」とされている。岡部氏は、昭明太子と蕭綱(簡文帝)が多くの政務を担当していたことから、「武帝にとって蕭統と蕭綱の補佐が無ければ皇帝としての統治は不可能であり、有能な皇太子あればこその平和な武帝時代であった」と述べている。[12]

以上のように、南朝では必ずしも「監国」の記載がみられるわけではないが、皇太子が政事に関わることが非常に多かった。岡部氏は、南朝の皇帝にとって皇太子の存在は大きく、実務面における皇帝の支えとして、きわめて重視されていたと結論づけている。[13]

二　北朝における太子監国

これまで、南朝の太子監国について見てきたが、では、北朝ではどうだったか。北朝の太子監国については、多く松浦氏の研究に依拠して整理していきたい。[14]

・北魏

北魏において監国が最初に見られるのは、『魏書』巻四、世祖紀である。

泰常七(四二二)年四月、泰平王に封ぜられ、五月、監国と為す。太宗　疾有りて、帝に命じて百揆を総摂するに、聡明大度にして、意は豁如なり。

泰常七年四月、封泰平王、五月、爲監國。太宗有疾、命帝總攝百揆、聰明大度、意豁如也。

ここでは史料にやや混乱がみられるが、太武帝は泰常七年に明元帝から監国を命じられている。また、『魏書』巻三、太宗紀にも、

（泰常七年夏四月）初め、帝　素より寒食散を服し、頻年動発し、万機に堪えず、五月、皇太子に詔して臨朝聴政す。

初、帝素服寒食散、頻年動發、不堪萬機、五月、詔皇太子臨朝聽政。

とある。松浦氏はここでの史料の混乱について、「政務執行が困難になった太宗は、長子泰平王を皇太子に立て、監国を命じた、もしくは泰平王に摂政（これが「拝相国」を意味するならば、四月：封泰平王、拝相国、加大将軍。五月：立皇太子、命監国。といった理解で大過あるまい）を命じた後、程なく立太子してさらに監国を命じた」と推測している。(15) いずれにせよ、北魏時代においても太子監国がなされ、それによって「總攝百揆」あるいは「臨朝聴政」していることがわかる。

さらに北魏では、太武帝の長子景穆帝（拓跋晃）も太子監国をおこなっている。『魏書』巻四、恭宗景穆帝紀に、

延和元（四三二）年春正月丙午、立てて皇太子と為す。時に年五歳。明慧強識にして、聞けば則ち忘れず。長ずるに及び、好みて経史を読み、皆な大義に通ず。世祖甚だ之を奇とす。世祖　和龍に東征するに、恭宗に詔して尚書事を録さしめ、涼州を西征するに、恭宗に詔して監国せしむ。

延和元年春正月丙午、立爲皇太子。時年五歲。明慧強識、聞則不忘。及長、好讀經史、皆通大義。世祖甚奇之。世祖東征和龍、詔恭宗錄尚書事、西征涼州、詔恭宗監國。

とあり、太武帝が遠征にいっている間に、監国をおこなっていることがわかる。景穆帝（拓跋晃）の監国は史料上にしばしばみられ[16]、松浦氏は、年齢がまだ十三歳であったことと、太平真君五（四四四）年に「皇太子始めて百揆を総ぶ[17]」とあることから、それ以前の監国について、「父帝の代行としての実質より、象徴的な意味が大きかった[18]」と推測している。また、李憑氏は北魏の太子監国について、拓跋部にあった兄から弟への継承を排除し、父子継承を強化しようとした手段であったと述べる[19]。しかし、これは明元帝と、太武帝の二代で終わっており、後の時代には受け継がれていないと考えられるので、ここでは詳しく述べない。

・北斉

北斉においては、まず文宣帝の時にみられる。『北斉書』巻四、文宣帝紀には、

（天保元〔五五〇〕年九月）庚午、帝　晋陽に如き、山陵に拝辞す。是の日皇太子入りて涼風堂に居り、国事を監総す。

庚午、帝如晉陽、拜辭山陵。是日皇太子入居涼風堂、監總國事。

とあり、さらに『北斉書』巻五、廃帝紀には、

（天保）九（五五八）年、文宣　晋陽に在りしとき、太子監国し、諸儒を集め孝経を講ず。

九年、文宣在晉陽、太子監國、集諸儒講孝經。

とあるように、北斉では文宣帝の時代に二度皇太子に監国をさせている。松浦氏はこのことについて、皇太子の年齢が天保元年の時に六歳で、九年で十四歳であったことから、事実上は補佐の臣僚に国事の決裁が委ねら

れていたと推測している。[20] 北斉のこの監国については、これ以上述べている史料はなく詳細は不明である。

・北周

北周において監国をおこなったとわかるのは、武帝期である。武帝は文宣皇后（叱奴氏）が崩御したおり、喪に服し、その際に皇太子であった宣帝に監国をおこなわせている。『周書』巻七、宣帝紀には、

建徳元（五七二）年四月癸巳、高祖親ら告廟し、阼階に冠し、立てて皇太子と為す。皇太子に詔して西土を巡撫す。文宣皇后崩じ、高祖諒闇するに、太子に詔して朝政を総べ、五旬して罷む。高祖　四方に巡幸する毎に、太子常に留まり監国す。

建徳元年四月癸巳、高祖親告廟、冠於阼階、立爲皇太子。詔皇太子巡撫西土。文宣皇后崩、高祖諒闇、詔太子總朝政、五旬而罷。高祖毎巡幸四方、太子常留監國。

とあり、また同じく『周書』巻五、武帝紀には、

（建徳三［五七四］年三月）癸酉、皇太后叱奴氏崩ず。帝　倚廬に居り、朝夕一溢の米を共にす。群臣表して請い、累旬して乃ち止む。皇太子贇に詔して総べて庶政を釐《おさ》む。

癸酉、皇太后叱奴氏崩。帝居倚廬、朝夕共一溢米。羣臣表請、累旬乃止。詔皇太子贇總釐庶政。

とあり、宣帝は監国によって「庶政を釐」めている。[21] 北周についても、これ以上史料がなく詳細は不明であるが、他の北朝での監国から推測するに、皇帝が喪に服し、政事がおこなえない中で、皇太子がある程度の権力を握っていたと考えられる。

・隋

隋では、太子を廃された楊勇と煬帝の二人が監国をおこなっている。『隋書』巻四五、房陵王勇伝には、

高祖　受禅し、立てて皇太子と為し、軍国政事及び尚書の奏する死罪已下は、皆な勇をして之を参決せしむ。

高祖受禪、立爲皇太子、軍國政事及尚書奏死罪已下、皆令勇參決之。

とあり、やや限定的ではあるが、楊勇が軍国政事を決していることがわかる。また、『隋書』巻三、煬帝紀にも、

仁寿初め、詔を奉りて東南に巡撫す。是の後高祖　仁寿宮に避暑する毎に、恒に上をして監国せしむ。

仁壽初、奉詔巡撫東南。是後高祖毎避暑仁壽宮、恒令上監國。

とあるように、高祖が避暑をするごとに当時皇太子であった煬帝が監国をおこなっていたのである。

以上のように、南北朝時代における監国は、その皇帝が都に不在であったり、何かしらの理由で政務につけないときにおこなわれている。特に南朝においては必ずしも監国の記載があるわけではないが、皇帝の多くがしばしば皇太子に政事を委任しており、皇太子が政事に必要不可欠な存在であったことがわかる。また北朝では、皇太子がまだ幼く、臣下に助けられながらも、象徴的に監国をすることもあった。皇太子自身が政事に関与した深さはそれぞれの王朝によって異なるが、いずれにせよ、戦乱が続く時代背景の中で、皇帝が都を離れることが多く、それによって皇太子の監国が増え、結果的に監国制度が次第に形成されていったのは間違いないだろう。

それは後世に書かれた『冊府元亀』からもわかる。『冊府元亀』には、監国の項目があり、そこには監国の記載がない多くの南朝の史料も載せられている。後の時代からみれば、明らかに監国であるにもかかわらず、南北朝時代の史料では監国の記載があまりみられないのは、この時代が太子監国制度の確立期であったことを示しているのである。

では、魏晋南北朝時代に確立された皇太子監国は、唐代になるとどのように変化していくのか。次節でみていこう。

第二節　唐代における太子監国について

前節では、隋以前の太子監国の変遷についてみたが、本節では、唐代の太子監国について順を追って考察したい。唐代において最初に監国がおこなわれたのは、太宗の皇太子李承乾の時である。『資治通鑑』巻一九四、太宗貞観九（六三五）年の条に、

（貞観九年四月）太上皇去る秋自り風疾を得、庚子、垂拱殿に崩ず。甲辰、群臣請うらくは上　遺誥に準い軍国大事を視んことを、と。上許さず。乙巳、太子承乾に詔して東宮に庶政を平決せよ、と。（中略）六月、己丑、群臣復た聴政を請い、上之を許し、其の細務は仍お太子に委ね、太子頗る能く聴断す。是の後上出でて行幸する毎に、常に居守監国せしむ。

太上皇自去秋得風疾、庚子、崩於垂拱殿。甲辰、羣臣請上準遺誥視軍國大事。上不許。乙巳、詔太子承乾於東

宮平決庶政。（中略）六月、己丑、羣臣復請聽政、上許之、其細務仍委太子、太子頗能聽斷。是後上毎出行幸、常令居守監國。

とある。太上皇、つまり高祖が崩御すると、太宗は皇太子承乾に政務を処理させている。二ヶ月後には太宗は再び聴政するのであるが、それ以後、太宗が行幸する度に、皇太子が監国していたようである。

その皇太子承乾が弟李泰との継承争いによって廃太子されると、李治（後の高宗）が立太子されることとなった。そして、その李治も同じく太子監国をおこなっている。李治の最初の太子監国は、都の長安ではなく、定州であった。『旧唐書』巻三、太宗紀に、

（貞観）十九（六四五）年春二月庚戌、上親ら六軍を統べ洛陽を発す。乙卯、皇太子に詔して定州に留め監国せしむ。開府儀同三司・中国公高士廉摂太子太傅、侍中劉洎・中書令馬周・太子少詹事張行成・太子右庶子高季輔五人と同じく機務を掌る。

十九年春二月庚戌、上親統六軍發洛陽。乙卯、詔皇太子留定州監國。開府儀同三司・中國公高士廉攝太子太傅、與侍中劉洎・中書令馬周・太子少詹事張行成・太子右庶子高季輔五人同掌機務。

とあり、太宗が高句麗討伐に向かった際、皇太子李治は途中まで同行し、定州において監国することになった。太宗はこのように何度か李治に対して皇太子監国をさせているが、『資治通鑑』巻一九七、貞観十九年の条には、

上 将に発せんとするに、太子悲泣すること数日、上曰く、「今汝を留め鎮守せしめ、輔くるに俊賢を以てし、天下をして汝の風采を識らしめんと欲す。夫れ国の要と為し、賢を進め不肖を退け、善を賞し悪を

罰し、至公無私に在り、汝当に努力して此れを行うべし。悲泣するは何為れぞ。」と。

上將發、太子悲泣數日、上曰、「今留汝鎮守、輔以俊賢、欲使天下識汝風采。夫爲國之要、在於進賢退不肖、賞善罰惡、至公無私、汝當努力行此。悲泣何爲。」

とあるように、皇太子に監国させるのは、皇太子の「風采」を天下に知らしめるためであると述べている。また、睿宗の時代になると、『旧唐書』巻九七、張説伝に、

是の歳二月、睿宗　侍臣に謂いて曰く、「術有る者上言すらく、五日の内急兵　宮に入ること有り。卿等朕が為に之に備えよ。」と。左右相顧みて能く対えること莫し。説進みて曰く、「此れ是れ讒人　計を設け、東宮を揺動せしめんと擬すのみ。陛下若し太子をして監国せしめば、則ち君臣分定し、自然に窺覦の路絶ち、災難生まれず。」と。睿宗大いに悦び、即日制を下して皇太子監国す。

是歳二月、睿宗謂侍臣曰、「有術者上言、五日内有急兵入宮。卿等爲朕備之。」左右相顧莫能對。説進曰、「此是讒人設計、擬搖動東宮耳。陛下若使太子監國、則君臣分定、自然窺覦路絶、災難不生。」睿宗大悦、卽日下制皇太子監國。

とあり、ここでは皇太子に監国させ、君臣を明確に定めることで、彼が次期後継者であることを示すことが求められている。

唐代において、皇太子監国をおこなうのは、皇太子の治世がどのようなものであるのかを天下に知らしめるとともに、監国をおこなう皇太子が、次期皇帝であることを決定的に示すものであったことがわかる。

また、唐代の初めの高祖の時には、当時の皇太子である李建成に、ある程度の権限を与え、実際に政事を運用させている。『旧唐書』巻六四、隠太子建成伝には、

武徳元（六一八）年、立てて皇太子と為す。（中略）高祖　其れ政術を閑《な》らざるを憂え、毎に時事を習い、軍国大務に非ざる自りは、悉く委ねて之に決せしむ。

武徳元年、立爲皇太子。（中略）高祖憂其不閑政術、毎令習時事、自非軍國大務、悉委決之。

とあることから、松浦氏は、「軍国大務に非ざるよりは」と限定を付された政務決済を即、「監国」と称することは無理としながらも、「其れ政術を閑《な》らざるを憂え、毎に時事を習い」と見えるように、父帝による後継者育成のための政務見習いであったと推測している。(22) つまり、唐代における皇太子監国は、政事教育から、天下への皇太子（後継者）のお披露目、後継者の確定へと変化していっていることがわかるのである。

このような変遷の中から、監国制度に新たな側面が現れてくることになる。それが皇位継承における皇太子監国である。

第三節　皇位継承における太子監国と勾当

一　皇位継承と太子監国

本節では、唐代において特に皇位継承直前後の皇太子監国とそれに伴ってあらわれた勾当《こうとう》について順を追って整理する。まず、皇位継承の際に初めて太子監国が見られる、高宗から中宗への継承を見ていきたい。高宗はしばしば洛陽や温泉に行幸したり、病気がちであったため、(23) それに伴い太子監国も何度もおこなわれた。『旧唐書』巻八七、裴炎伝には、

> 永淳二（六八三）年[24]、高宗　東都に幸し、太子哲を留め京師を守らしめ、炎と劉仁軌・薛元超とに命じて輔と為す。明年、高宗不予となり、炎　太子に従いて東都に赴き侍疾せしむ。十一月、高宗疾篤く、太子に命じて監国せしめ、炎は詔を奉じて黄門侍郎劉斉賢・中書侍郎郭正一と並びに東宮に事を平章す。十二月丁巳、高宗崩じ、太子即位するも、未だ聴政せず、宰臣奏議し、天后　令を門下に下して施行せしむ。
> 永淳二年、高宗幸東都、留太子哲守京師、命炎與劉仁軌・薛元超爲輔。明年、高宗不豫、炎從太子赴東都侍疾。十一月、高宗疾篤、命太子監國、炎奉詔與黄門侍郎劉齊賢・中書侍郎郭正一並於東宮平章事。十二月丁巳、高宗崩、太子卽位、未聽政、宰臣奏議、天后降令於門下施行。

とあり、高宗の病が篤くなると、皇太子に監国を命じているのがわかる。これは皇帝崩御直前に皇太子に監国させた最初の例である。高宗が東都に行幸している間、皇太子が京師を守る、つまり太子監国をおこなっていたにもかかわらず、高宗は改めて皇太子に監国を命じている。皇太子哲（後の中宗）が東都に行っている間は、皇太子の息子である重福が京師を守っていたので[25]、皇帝崩御時の監国は、やはりこれまでの監国とは異なると考えられる。同じように、則天武后から中宗の継承においても、太子監国がおこなわれた。『旧唐書』巻六、則天皇后紀には、

> 神龍元（七〇五）年春正月、大赦、改元す。上　不予となり、制して文明元（六八四）年より已後罪を得る人、揚・予・博三州及び諸逆の魁首を除き、咸な赦して之を除く。癸亥、麟台監張易之と弟司僕卿昌宗は与に謀反す。皇太子　左右羽林軍桓彦範・敬暉等を率いて、羽林兵を以て禁中に入り之を誅す。甲辰、皇太子監国し、万機を総統し、天下に大赦す。是の日、上は皇帝位を皇太子に伝え、徙りて上陽宮に居る。

神龍元年春正月、大赦、改元。上不豫、制自文明元年巳後得罪人、除揚・豫・博三州及諸逆魁首、咸赦除之。癸亥、麟臺監張易之與弟司僕卿昌宗謀反、皇太子率左右羽林軍桓彦範・敬暉等、以羽林兵入禁中誅之。甲辰、皇太子監國、總統萬機、大赦天下。是日、上傳皇帝位于皇太子、徙居上陽宮。

とある。則天武后は史上初の女帝であり、則天武后の親族である武氏を後継者とするのか、唐朝の李氏を後継者とするのか、問題となった(26)。最終的にはもともと皇太子であった中宗が再び後継者になることが決まり、則天武后が危篤となると、皇太子の中宗が監国し、万機を総統している。

中宗の後、睿宗・玄宗では継承においての太子監国は見られないが、粛宗から代宗の際には再びみられる。『旧唐書』巻十一、代宗紀には、

上元末年、両宮不予となり、太子往来して疾に侍り、躬ら薬膳を嘗め、衣　帯を解かざること之に久しくす。監国の命を承くるに及び、流悌して之に従う。宝応元（七六二）年四月、粛宗大漸するに、幸する所の張皇后　子無く、后は上の功高く制し難きを懼れ、陰かに越王係を宮中に引き、将に廃立を図らんとす。乙丑、皇后は詔を矯り太子を召す。中官李輔国・程元振は素より之を知り、乃ち兵を凌霄門に勒し、太子の至るを俟ち、即ち衛りて太子に従い飛龍厩に入り以て其の変を俟つ。是の夕、兵を三殿に勒し、越王係及び内官の朱光輝・馬英俊等を収捕し之を禁錮し、皇后を別殿に幽す。丁卯、粛宗崩じ、元振等始めて上を九仙門に迎え、群臣に見え、監国の礼を行う。己巳、皇帝位に柩前に即く。

上元末年、両宮不豫、太子往來侍疾、躬嘗藥膳、衣不解帯者久之。及承監國之命、流涕從之。寶應元年四月、粛宗大漸、所幸張皇后無子、后懼上功高難制、陰引越王係於宮中、將圖廢立。乙丑、皇后矯詔召太子。中官李輔國・程元振素知之、乃勒兵於凌霄門、俟太子至、即衛從太子入飛龍廄以俟其變。是夕、勒兵於三殿、収捕越王係及内官朱光輝・馬英俊等禁錮之、幽皇后於別殿。丁卯、粛宗崩、元振等始迎上於九仙門、見羣臣、行監國

之禮。己巳、卽皇帝位於柩前。

とある。粛宗から代宗への継承は、皇后によって問題が起こされている。皇太子が監国の命を承けた後、粛宗が危篤となったことで、皇后が皇太子を廃し、越王係を立てようと企図したのである。しかし、これは最終的に失敗に終わり、予定通り皇太子（代宗）が粛宗の後を継ぐことになった。ここで注目すべきは、最初に皇太子は、粛宗から監国の命を承けているにもかかわらず、反乱の鎮圧後に、群臣と会い、「監国」の礼をおこなっていることである。これはどういうことか。『資治通鑑』には、その詳細が記されている。『資治通鑑』巻二二二、粛宗宝応元年建巳月には、以下のようにある。

上　仲春より寝疾し、上皇の登遐を聞き、哀慕し、疾　劇に転じ、乃ち太子に命じて監国せしむ。甲子、制して改元す。（中略）丁卯、上崩ず。輔国等　后并せて係及び竞王僩を殺す。是の日、輔国始めて太子素服を九仙門に引き宰相と相見えしめ、上皇の晏駕を叙べ、哭を拝し、始めて監国の令を行う。（胡三省注：太子に監国を命ずるは甲子の前に在りて、乙丑即ち内変有り。既に定まり、乃ち始めて令を行う。）戊辰、大行皇帝の喪を両儀殿に発し、遺詔を宣ぶ。己巳、代宗即位す。

上自仲春寝疾、聞上皇登遐、哀慕、疾轉劇、乃命太子監國。甲子、制改元。（中略）丁卯、上崩。輔國等殺后幷係及竞王僩。是日、輔國始引太子素服於九仙門與宰相相見、敘上皇晏駕、拜哭、始行監國之令。［胡三省注：命太子監國在甲子前、而乙丑卽有内變。既定、乃始行令。］戊辰、發大行皇帝喪於兩儀殿、宣遺詔。己巳、代宗卽位。

つまり、胡三省注からもわかるように、太子監国が命じられてからも、皇后による内変によって監国はまだおこなわれていなかったのである。では、いつ太子監国がおこなわれたかというと、粛宗が崩御し、宰相や群臣にまみえてからである。したがって、皇位継承における太子監国にとって、群臣や百僚と相まみえることが重要な要素であったということが推測される。それ故に、皇后は皇太子と群臣が会う前に内変を起こしたということが考えられるのである。

また、その代宗についても、皇位継承の際には、太子監国がみられる。『旧唐書』巻十一、代宗紀に、

（大暦十四［七七九］年）五月癸卯、上　康からず。辛亥に至り、朝を視ず。（中略）辛酉、皇太子に詔して監国せしむ。是の夕、上　紫宸の内殿に崩ず。遺詔して皇太子柩前即位す。

五月癸卯、上不康。至辛亥、不視朝。（中略）辛酉、詔皇太子監國。是夕、上崩于紫宸之内殿。遺詔皇太子柩前即位。

とあり、これまでと同様に、徳宗も太子監国をしてから即位していることがわかる。以上のように、唐代においては多くの場合皇太子が即位する前に、太子監国をおこなうことが確認できた。しかし、順宗から憲宗の継承では、太子監国とは異なった語が出現してくる。

二　勾当軍国政事の出現

徳宗の崩御後、皇太子であった順宗がその後を継ぐことになったが、順宗は徳宗の崩御の前年に病気となり、発言することが難しくなっていた。このような事情から、憲宗は順宗即位の同年に立太子され、数ヶ月後には譲位をうけて即位している。その際には、太子監国ではなく、「其の軍国政事、宜しく皇太子をして勾当せしむべし」という文がみられるのである。『旧唐書』巻十四、順宗紀に、

（貞元二一［八〇五］年）乙未、詔して、「（中略）其の軍国政事、宜しく皇太子をして勾当せしむべし。」と。時に上久しく疾み、復た宰臣を延納して共に大政を論ぜず。事の巨細無く皆な李忠言・王伾・王叔文に決せらる。物論喧雑し、以て不可と為す。藩鎮屢しば皇太子に上箋し、三竪の政を撓《みだ》すを指す。故に是の詔有り。（中略）皇太子　百僚と朝堂に見ゆ。丙申、皇太子　麟徳殿の西亭に奏事官に見ゆ。

乙未、詔、「（中略）其軍國政事、宜令皇太子勾當。」時上久疾、不復延納宰臣共論大政。事無巨細皆決于李忠言・王伾・王叔文。物論喧雜、以爲不可。藩鎭屢上牋於皇太子、指三豎之撓政。故有是詔。（中略）皇太子見百僚於朝堂。丙申、皇太子於麟德殿西亭見奏事官。

とある。これについて、『旧唐書』巻十五、憲宗紀、史臣蒋係の条には、

徳宗は宰相に政を委ねず、人間の細務は、多く自ら臨決す。姦佞の臣は、裴延齢の如き輩　数人、銭穀数術を以て進むを得、宰相位を備うるのみ。上は藩邸より監国するに及び、以て臨御に至り、元和に訖るまで、軍国枢機、尽く之を宰相に帰す。是れに由りて中外咸な理まり、紀律再び張る。果たして能く乱階を剪削し、群盗を誅除す。

徳宗不委政宰相、人間細務、多自臨決。姦佞之臣、如裴延齡輩數人、得以錢穀數術進、宰相備位而已。及上自藩邸監國、以至臨御、訖于元和、軍國樞機、盡歸之於宰相。由是中外咸理、紀律再張。果能剪削亂階、誅除羣盜。

とあり、順宗から憲宗の皇位継承の際には、監国ではなく、皇太子であった憲宗への詔に「其の軍国政事、宜しく皇太子をして勾当せしむべし」という言葉が見られるのである。これについて、『旧唐書』の憲宗紀に附されている、史臣蒋係の条には、「監国」と記されており、「其の軍国政事、宜しく皇太子をして勾当せしむべ

し」が皇太子監国と同じ意味であったということがわかる。[27] また、ここでも皇太子は百僚と謁見している。順宗から憲宗への皇位継承以後、太子監国よりも、この「勾当」という語の方が一般的に使用されるようになっていく。[28] 敬宗から文宗の皇位継承をみてみよう。『旧唐書』巻十七、文宗紀には、

宝暦二（八二六）年十二月八日、敬宗害に遇い、賊の蘇佐明等矯制して絳王を立て軍国の事を勾当せしむ。枢密使王守澄・中尉梁守謙は禁軍を率い賊を討ち、絳王を誅し、上を江邸に迎う。癸卯、宰臣と閤内に見え、教を下して軍国の事を処分す。（中略）宰臣百僚三たび勧進を上表す。乙巳、宣政殿に即位す。

寶曆二年十二月八日、敬宗遇害、賊蘇佐明等矯制立絳王勾當軍國事。樞密使王守澄・中尉梁守謙率禁軍討賊、誅絳王、迎上于江邸。癸卯、見宰臣于閤内、下教處分軍國事。（中略）宰臣百僚三上表勸進。乙巳、即位於宣政殿。

とあるが、この時の状況について、『資治通鑑』にはより詳細に記されている。『資治通鑑』巻二四三、敬宗宝暦二年に、

上　酒酣にして、室に入り衣を更め、殿上の燭　忽ち滅し、蘇佐明等　上を室内に弑す。劉克明等　上旨を矯称し、翰林学士路隋に命じて遺制を草せしめ、絳王悟を以て権りに軍国の事を句當せしむ。壬寅、遺制を宣べ、絳王　宰相百官と紫宸の外廡に見ゆ。（中略）癸卯、裴度を以て冢宰を摂らしむ。百官は江王と紫宸の外廡に謁見し、王素服涕泣す。

上酒酣、入室更衣、殿上燭忽滅、蘇佐明等弑上於室内。劉克明等矯稱上旨、命翰林學士路隋草遺制、以絳王悟權句當軍國事。壬寅、宣遺制、絳王見宰相百官於紫宸外廡。（中略）癸卯、以裴度攝冢宰。百官謁見江王於紫宸外廡、王素服涕泣。

とある。これらの史料から敬宗から文宗への継承が不意に起こったことが読み取れる。というのも敬宗は蘇佐明らによって殺害されているからである。この事件は敬宗が即位して数年で起こったことであり、敬宗にとっては全く予期せぬことであったため、皇太子はまだ立てられていなかった。そのため敬宗の崩御後、後継者をめぐって継承者争いが起こることとなるのである。敬宗を弑した蘇佐明らは、憲宗の第六子であった絳王悟を立てようと考え、彼に「軍国の事を勾当」させた。これによって絳王悟は宰相百官とまみえ、即位しようとするが、枢密使王守澄・中尉梁守謙らが、絳王を殺害し、江王を迎え、「教を下して軍国の事を処分」させ、それによって江王、つまり文宗が即位することとなるのである。「教を下して軍国の事を処分」させるというのは、「軍国の事を勾当」させることとおそらく同義であろう。文宗はその際、「宰臣と閤内に見え」ていることも前述の『旧唐書』の文宗紀からわかる。

その文宗の病が篤くなると再び後継者争いが起こる。『旧唐書』巻十八、武宗紀には、

初め、文宗　荘恪太子の殂　道に由らざるを追悔し、乃ち敬宗の子　陳王成美を以て皇太子と為さんとす。開成四（八三九）年冬十月宣制すれども、未だ冊礼するに遑あらず。五（八四〇）年正月二日、文宗暴疾し、宰相李珏・知枢密劉弘逸は密旨を奉り、皇太子を以て監国せしむ。両軍中尉仇士良・魚弘志は詔を矯りて潁王を十六宅に迎えしめて、曰く、「（中略）立てて皇太弟と為し、軍国政事に応じ、便ち権りに勾当せしむべし。百辟の卿士、中外の庶臣、宜しく洒の心を竭くし、輔けて予の志を成さん。陳王成美は先に立てて皇太子と為せども、其れ尚お年冲幼を以て、未だ師資に漸らず、比日重難し、冊命するに遑あらず、朱邸に迴し践み、式は至公に協わせ、復た陳王に封ずべし。」と。是の夜、士良は兵士を十六宅に統べ太弟を迎へ少陽院に赴かしめ、百官は東宮の思賢殿に謁見す。三日、仇士良は仙韶院の副使尉遅璋を収捕し之を殺し、其の家を屠る。四日、文宗崩じ、遺詔を宣ぶるに、皇太弟宜しく柩前に皇帝位に即き、

宰相楊嗣復　冢宰を摂るべし。十四日、冊を正殿に受く。時に年二十七。陳王成美・安王溶は邸第に殂す。

初、文宗追悔莊恪太子殂不由道、乃以敬宗子陳王成美爲皇太子。開成四年冬十月宣制、未遑册禮。五年正月二日、文宗暴疾、宰相李珏・知樞密劉弘逸奉密旨、以皇太子監國。兩軍中尉仇士良・魚弘志矯詔迎穎王於十六宅、曰、「（中略）可立爲皇太弟、應軍國政事、便令權勾當。百辟卿士、中外庶臣、宜竭迺心、輔成予志。陳王成美先立爲皇太子、以其尚年冲幼、未漸師資、比日重難、不遑册命、迴踐朱邸、式協至公、可復封陳王。」是夜、士良統兵士於十六宅迎太弟赴少陽院、百官謁見於東宮思賢殿。三日、仇士良收捕仙韶院副使尉遲璋殺之、屠其家。四日、文宗崩、宣遺詔、皇太弟宜於柩前卽皇帝位、宰相楊嗣復攝冢宰。十四日、受册於正殿、時年二十七。陳王成美・安王溶殂於邸第。

とある。文宗は自身の長子の莊恪太子永を立太子し、後継者にと考えていたが、莊恪太子は早逝してしまった。そのため、文宗は兄の子である陳王成美を立太子し、監国させ、即位させようとした。しかし、それに反対した仇士良と魚弘志は、陳王成美より先に、文宗の弟である潁王瀍《てん》を迎え、東宮の思賢殿において百官と潁王瀍を謁見させた。内容は歪められたとはいえ、ここでの詔でも、「立てて皇太弟と為し、軍国政事に応じ、便ち権りに勾当せしむべし」とあり、潁王瀍を皇太弟とし、監国させていることがわかる。ここで即位した潁王瀍が、文宗の次の皇帝の武宗である。先述の武宗紀では、陳王成美は立太子され、監国していたようにも思えるが、『旧唐書』巻一七五、陳王成美伝には、「上遂に命じて陳王を立てんとす。未だ冊礼を行わずして、復た仍お旧に降し、其の年藩邸に殂す。（上遂命立陳王。未行册禮、復降仍舊、其年殂於藩邸）」とあり、皇太子監国はされていなかったことがうかがえる。また、『資治通鑑』でも、「太子を奉りて監国せしめんと欲す[29]（欲奉太子監國）」とあり、皇太子監国がされていなかったことがわかる。

武宗から宣宗への継承では、初めて中国史において「皇太叔」が立てられたが、ここでも、「権りに軍国政事を勾当す（権勾當軍國政事）」とされている(30)。これ以後、宣宗から懿宗、懿宗から僖宗、僖宗から昭宗、昭宗から哀帝と継承を経ていくが、全てにおいて「軍国の（政）事を勾当せしむ」という語が、継承においてみられるのである(31)。ただ、昭宗から哀帝の継承においてはやや異なる。これについては初めに少し言及したように、すでに松浦氏が指摘している。『旧唐書』巻二十、哀帝紀に、

天祐元（九〇四）年八月十二日、昭宗弑するに遇う。翌日、蔣玄暉矯りて遺詔を宣ぶるに、曰く、「（中略）宜しく立てて皇太子と為し、仍お名を柷と改め、軍国の事を監すべし。（中略）」と。是の日神柩を西宮に遷し、文武百僚は班ねて延和門の外に慰む。其の日午の時、又た矯りて皇太后の令を宣べて曰く、「（中略）皇太子柷宜しく柩前に皇帝位に即き、其の哀制　並びに祖宗の故事に依り、中書門下　前の処分に準ずべし。（中略）」と。帝時に十三、且に監国し、柩前即位せんとすることを乞う。

天祐元年八月十二日、昭宗遇弑。翌日、蔣玄暉矯宣遺詔、曰、「（中略）宜立爲皇太子、仍改名柷、監軍國事。（中略）」是日遷神柩于西宮、文武百僚班慰於延和門外。其日午時、又矯宣皇太后令曰、「（中略）皇太子柷宜於柩前卽皇帝位、其哀制並依祖宗故事、中書門下准前處分。（中略）。」帝時年十三、乞且監國、柩前卽位。

とあり、昭宗から哀帝への監国については、遺詔において皇帝への即位ではなく、監国が命じられ、皇太后の令によって、皇帝即位が命じられている。これについて、松浦氏は、「ステレオタイプ化した前例踏襲のつもりが、大崩・立太子詔・遺詔の順序・組み合わせが混乱した結果の産物であったかも知れないし、あるいは、幼主であったことからことさら皇后の令などを組み入れたがために無様にみえるのかもしれない(32)」と述べている。

以上のように、唐代の皇位継承の際の監国について述べてきたが、皇位継承においてその大半が皇太子監国を伴っていたことがわかった。特に穆宗から以後は反乱によって即位した者も含めて、すべての皇帝が先帝の崩御前に監国を行っている。

また、「監国」ではなく、「軍国の事を勾当せしむ」や「教を下して軍国の事を処分す」という言葉もみられるようになり、順宗以後、むしろ監国よりも「勾当」のほうが一般的になる。

何度も述べているように皇太子監国は、皇帝が不在や病気の時、皇帝の代理として政事をおこなうことであった。それは次第に、皇位継承の時だけにおこなわれるようになっていく。特に順宗以後は、「監国」ではなく、軍国政事を「勾当」するという語が監国の代わりに使われるようになっていった。では、この「勾当」とはどのような意味なのか。『北史』巻百、序伝には、

事の大小無く、（梁）士彦一に仲挙に委ね、推尋勾当せしめ、糸髪遺すこと無く、軍に於いて用うるに甚だ助け有り。

事無大小、士彦一委仲舉、推尋勾當、絲髮無遺、於軍用甚有助焉。

とあるように、「勾当」は担当して処理することを意味していることがわかる。それならば、「軍国政事を勾当す」るのと「監国」にはどのような変化があったのか。それは太子監国制度の根本的な役割が大きく関係しているといえる。

そもそも皇太子が監国をおこなう場合、皇帝の側近や重臣らは、戦争や巡行でも皇帝に従って行動するのが一般的である。その際、主体的に政事をおこなうことになるのは、皇太子を中心とした東宮官たちである。例えば、太宗が高麗を討伐しに行った時には、『旧唐書』巻六五、高士廉伝に、

（貞観）十九（六四五）年、太宗　高麗を伐たんとするに、皇太子　定州に監国せしめ、士廉太子太傅と摂ね、仍お朝政を典る。皇太子　令を下して曰く、「摂太傅・中国公士廉は、朝望の国華、儀刑　攸《すなわ》ち属し、寡人忝くも監守を膺け、實に訓導に資《たよ》る。比日聴政し、常に同榻に屈し、庶わくは諮白に因り、少しく蒙滞を祛《さ》る。但だ案に拠り対を奉ずるに、情　未だ安んずる所、已に約束して更に進むを許さず。太傅誨諭深く至り、常式に遵わしめ、辞して免るるを獲ず、輒ち復た敬んで従う。所司亦た宜しく別に一案を以て太傅に供すべし。」と。

十九年、太宗伐高麗、皇太子定州監國、士廉攝太子太傅、仍典朝政。皇太子下令曰、「攝太傅・中國公士廉、朝望國華、儀刑攸屬、寡人忝膺監守、實資訓導。比日聽政、常屈同榻、庶因諮白、少袪蒙滯。但據案奉對、情所未安、已約束不許更進。太傅誨諭深至、使遵常式、辭不獲免、輒復敬從。所司亦宜別以一案供太傅。」

とあるように、皇太子と高士廉に定州での監国をさせ、その際には太子太傅に任命している。東宮官に命じられた大臣は、皇太子を支え、時には太子を教え導いていたと推測される。このことからも、太子監国では、東宮官が皇太子を補佐し、政事をおこなったと考えられるのである。

唐代では、勾当という言葉の出現と、後継者と百官との謁見がほぼ同時期に現れていることから考察してみると、勾当は東宮官だけでなく、百官、つまり全ての官僚を集めて容易にまみえることを可能にするものであったといえるだろう[33]。皇太子は皇位継承の際、東宮官中心ではなく、百官と相対することが求められるようになっていった。これによって、皇太子と百官の君臣の関係を視覚的にも明確に天下に示したのである。さらに「勾当」は、厳密には太子監国ではないので、皇太子であることが必須ではなかったと考えられる。よって、宦官らは自身の希望する皇帝を即位させる際に、立太子させることよりも、実権を伴う「勾当軍国政事」をさせることを望んだのであろう。「監国」は皇太子にしかできない。しかし「勾当」であれば、これはあくまで一時的な権力の移譲であり、皇太子でなくてもおこなうことができる。それゆえに、先に「勾当」によって全権移譲することでスムースに皇帝権を移譲することにつながるのである。しかもこれは「監国」よりも大きな意味を持つ。なぜなら、「監国」は本来皇帝が都にいないときなどの留守を守るために皇太子がおこなうものであるが、「勾当」は一時的にでもすべての権力を移譲することができるからである。「監国」が往々にして皇帝により制限が加えられたのに対し、「勾当」には基本的にそれがないのである。後継者が皇帝権を移譲され、それを百官が認める行為。それが「勾当」なのであり、唐代の後半期になると立太子と同程度の意義を持つことになったのである。

おわりに

もともと皇太子監国は、皇帝の不在時や何らかの理由で政務が取れない場合、皇太子が代理で政務を執るものであった。監国は戦乱期であった南北朝時代において頻繁におこなわれるようになる。南朝では、皇太子が皇帝の補佐として重視され、頻繁に政事にかかわっていた一方で、北朝では、皇太子が幼くして監国をすることもあり、象徴的な監国もみられる。しかし、唐の高祖が皇太子教育として皇太子に皇帝権の一部をあずけたことから、監国をさせることが次期皇帝の証として、より後継者としての確定を決めるものとして変化していく。それが、次第に皇位継承の中で重要な要素として捉えられるようになっていった。そして立太子されることよりも監国をされた者が正式な後継者へと理解されるようになっていったのである。しかし、太子監国はあくまで皇太子にしかできない。そこで唐の後半期になると、新たに「勾当軍国政事」という言葉が監国の代わりに使われるようになっていくのである。しかもこれは後継者が百官と相まみえることで、君臣関係を明確に天下に示すものであった。さらに王でも皇太子を経ずにおこなうことができるものだったのである。したがって、「勾当」は「監国」よりも制限の少ない皇位継承方法であったといえる。政治闘争をおこなう宦官らはその性質を利用し、先に王など自分らの望む後継者に「勾当」させ、百官と後継者を謁見させることによって、半強制的に何者かを即位させることができたのである。そして、謁見によって皇太子の即位を認めるということは、唐代が皇帝の功績や能力を重視していたことと無関係ではないだろう。

注

（1）この監国は古くは『春秋左氏伝』に記載されている。『春秋左氏伝』閔公二年には、「大子奉冢祀社稷之粢盛、以朝夕視君膳者也。故曰冢子。君行則守、有守則從。從曰撫軍、守曰監國、古之制也。」とある。

（2）岡部毅史「梁簡文帝立太子前夜——南朝皇太子の歴史的位置に関する一考察」（『史学雑誌』一一八—一、二〇〇九年）、窪添慶文「北魏の太子監国制度」（二〇〇二年初出。『魏晋南北朝官僚制研究』汲古書院、二〇〇三年所収）、滝川政次郎「複都制と太子監国の制」（『法制史論叢』第二冊所収、角川書店、一九六七年）、中村裕一「公式令に関する問題」（『唐令逸文の研究』第五章、汲古書院、二〇〇五年）、松浦千春「皇太子監国考」（『一関工業高等専門学校研究紀要』四三、二〇〇八年）、曹文柱「北魏明元・太武両朝的世子監国」（『北京師範大学学報（社会科学）』一九九一—四）、郭鋒「試論唐代的太子監国制度」（『文史』四〇輯、一九九四年）、頼亮郡「六朝隋唐的皇太子監国—以監国制度為中心—」（『台東師院学報』十三、二〇〇二年）、「論唐代高・睿二朝的太子監国与皇位継承」（『台東師院学報』十四、二〇〇三年）、李憑「太子監国」（『北魏平城時代』第二章、社会科学文献出版社、二〇〇〇年所収）、孫暁晨「試論唐代的太子監国」（『湖州師范学院学報』三二—六、二〇一〇年）、張軍・龐駿「儲君参政与権力分配機制」（『中古儲君制度研究』第五章、民族出版社、二〇一五年所収）。

（3）松浦氏前掲論文。

（4）岡部氏前掲論文。

(5) 五胡十六国において「監国」の文字はみられるが、それが南北朝隋唐王朝と同じ程度の「監国」と見なせるかは、現在の筆者では判断できないため、ここでは言及しない。後稿に委ねたい。

(6) 『宋書』巻六、孝武帝紀。（大明三年四月）甲子、上親御六師、車駕出頓宣武堂。司州刺史劉季之反叛、徐州刺史劉道隆討斬之。

(7) 松浦氏前掲論文、四三頁。

(8) 辻正博「天聖獄官令と宋初の司法制度」（二〇〇八年初出、『唐宋時代刑罰制度の研究』京都大学学術出版会、二〇一〇年所収）、四六一頁。

(9) 岡部氏前掲論文、二五頁。

(10) 岡部氏前掲論文、二五頁。

(11) 岡部氏前掲論文、二六頁。

(12) 岡部氏前掲論文、二七～二八頁。

(13) 岡部氏前掲論文、三〇頁。

(14) 松浦氏前掲論文。

(15) 松浦氏前掲論文、四〇頁。

(16) 『魏書』巻四、世祖紀。（太延五〔四三九〕年）六月甲辰、車駕西討沮渠牧犍、侍中・宜都王穆壽輔皇太子決留臺事。
『魏書』巻四、世祖紀。（太平真君四〔四四三〕年冬十一月）甲子、車駕至於朔方。詔曰、「朕承祖宗重光之緒、思闡洪基、恢隆萬世。自經營天下、平暴除亂、掃清不順、二十年矣。夫陰陽有往復、四時有代謝。授子任賢、所以休息、優隆功臣、式圖長久、蓋古今不易之令典也。其令皇太子副理萬機、總統百揆。諸朕功臣、勤勞日久、皆當以爵歸第、隨時朝請、饗宴朕前、論道陳謨而已、不宜復煩以劇職。更舉賢俊、以備百官。主者明爲科制、以稱朕心。」十二月辛卯、車駕至自北伐。

(17) 『魏書』巻四、世祖紀。（太平真君）五（四四四）年春正月壬寅、皇太子始總百揆。侍中・中書監・宜都王穆壽、司徒・東郡公崔浩、侍中・廣平公張黎、侍中・建興公古弼、輔太子以決庶政。

(18) 松浦氏前掲論文、十三頁。

(19) 李憑前掲論文。

(20) 実際『北斉書』巻十三、趙郡王琛伝に附す子叡伝には、「（天保）九（五五八）年、車駕幸樓煩、叡朝於行宮、仍從還晉陽。時濟南（廢帝）以太子監國、因立大都督府、與尚書省分理衆事、仍開府置佐。顯祖特崇其選、乃除叡侍中・攝大都督府長史。」とある。

(21)『隋書』巻三八、皇甫績伝には、「武帝嘗避暑雲陽宮、時宣帝爲太子監國。」とあり、皇帝が避暑のために都を離れている時に、皇太子が監国をおこなっている様子がみてとれる。

(22)松浦氏前掲論文、五頁。

(23)『旧唐書』巻四、高宗紀。(顕慶四［六五九］年)閏十月戊寅、幸東都、皇太子監國。戊戌、至東都。

同。(龍朔二［六六二］年)冬十月丁酉、幸温湯、皇太子弘監國。丁未、至自温湯。庚戌、西臺侍郎上官儀同東西臺三品。

同。(咸亨)二［六七一］年春正月乙巳、幸東都。留皇太子弘於京監國、令侍臣戴至德・張文瓘・李敬玄等輔之。

同。(咸亨三［六七二］年)冬十月己未、皇太子監國。壬戌、車駕還京師。

同。(儀鳳四［六七九］年)五月壬午、盜殺正諫大夫明崇儼。丙戌、皇太子賢監國。

同。(永隆二［六八一］年)庚申、上以服餌、令皇太子監國。

(24)本紀では、永淳二年十一月に皇太子は監国しているため、二年に訂正する。(『旧唐書』巻四、高宗紀。(永淳二年)詔皇太子監國、裴炎・劉齊賢・郭正一等於東宮同平章事。丁未、自奉天宮還東都。上疾甚、宰臣已下並不得謁見。)

(25)『旧唐書』巻四、高宗紀。(永淳二年)秋七月己丑、封皇孫重福爲唐昌郡王。甲辰、相王輪改封豫王、更名旦。己丑、令唐昌郡王重福爲京留守、劉仁軌副之。召皇太子至東都。

(26)『旧唐書』巻八七、裴炎伝。太后臨朝、天授初、又降豫王爲皇嗣。時太后姪武承嗣請立武氏七廟及追王父祖、太后將許之。炎進諫曰、「皇太后天下之母、聖德臨朝、當存至公、不宜追王祖禰、以示自私。且獨不見呂氏之敗乎。臣恐後之視今、亦猶今之視昔。」太后曰、「呂氏之王、權在生人。今者追尊、事歸前代。存歿殊迹、豈可同日而言。」炎曰、「蔓草難圖、漸不可長、殷鑒未遠、當絕其源。」太后不悅而止。時韓王元嘉・魯王靈夔等皆皇屬之近、承嗣與從父弟三思屢勸太后因事誅之、以絕宗室之望。劉禕之・韋仁約並懷畏憚、唯唯無言、炎獨固爭、以爲不可、承嗣深憾之。

(27)『旧唐書』巻十八、宣宗紀には、「(大中十三［八五九］年)八月七日、宣遺詔立鄆王爲皇太子、勾當軍國事。」とあり、『旧唐書』巻十九、懿宗紀には、「大中十三年八月七日、宣遺詔立爲皇太子監國、改今名。十三日、柩前卽帝位、年二十七。」とある。ここでも、「軍国の事を勾当せしむ。」と「監国」とが明らかに同じ意味で使われていることがわかる。

(28)当然、順宗以後も、皇位継承において「監国」の文字はみられる。穆宗から敬宗の時にも、『旧唐書』巻十六、穆宗紀には、「(長慶四［八二四］年)辛未、上大漸、詔皇太子監國。壬申、上崩於寢殿、時年三十。」とある。しかし、その数はそれ以前と比べて非常に少ない。

(29)『資治通鑑』巻二四六、文宗開成四年。時上疾甚、命知樞密劉弘逸・薛季稜引楊嗣復・李珏至禁中、欲奉太子監國。

(30)『旧唐書』巻十八、宣宗紀。會昌六(八四六)年三月一日、武宗疾篤、遺詔立爲皇太叔、權勾當軍國政事。(中略)武宗氣豪、尤不爲禮。及監國之日、哀毀滿容、接待羣僚、決斷庶務、人方見其隱德焉。

（31）『旧唐書』巻十八、宣宗紀。（大中十三年）八月七日、宣遺詔立鄆王爲皇太子、勾當軍國事。

『旧唐書』巻十九、僖宗紀。（咸通十四年）六月、帝不豫。七月癸亥朔。戊寅、疾大漸。庚午、制立普王儼爲皇太子普王儼、權勾當軍國政事。

『旧唐書』巻十九、僖宗紀。（文徳元〔八八八〕年）三月戊戌朔、正殿受册。庚子、上暴疾。壬寅、大漸。癸卯、宣制立弟壽王傑爲皇太弟、勾當軍國事、是夕、崩於武徳殿、聖壽二十七。

（32）松浦氏前掲論文、三頁。

（33）粛宗から代宗への継承においては、「監国」と記載され、群臣との謁見がみられるが、これ以後、百官との謁見する際には「勾当」の記載がセットで見られることから、ちょうど変化の時期にあたると考えられる。

結論

まず、各章の要旨をまとめておく。

第一章では、皇太子の師である太子師傅が、西晋において急激に充実した理由について、その任官者から明らかにした。

西晋で多くの人物に対して太子師傅を任命できたのは、太子師傅が兼官であり、本官を重視する、つまり太子師傅が名誉職であったことによる。太子師傅の任官者には、皇太子司馬衷の擁立に反対、もしくは司馬衷が後継者となることに消極的な人物も含まれていた。しかし、その任官者のほとんどが名声を得た士大夫であることは確かで、また朝廷に影響力を持つ人物であった。この根底には輿論の意向が強く影響している。当時輿論の意向は王朝の運営を揺るがすものであったため、後継者たる皇太子に対して名声ある士大夫を師傅として多く任命し、それによって輿論の支持を得ようとしたのである。司馬衷の擁立に消極的な者を太子師傅に任命したのも、この輿論の支持のためである。

さらに師と弟子の関係が後漢末から密接であることが求められていることからも、太子師傅になることは、皇太子と密接な関係であることを示すことができた。西晋での太子師傅の充実は、皇太子に名声ある士大夫や権力者を師たる太子師傅に就けることによって、皇太子が支持されていることを天下に知らしめるものであったといえる。

皇帝が後継者を決めるにあたり、両漢では官僚たちが強い発言力を持つことはあまりなかったが、魏晋時代から皇位継承問題は、官僚まで含めて複雑な議論がしばしば起こっている。西晋での太子師傅の充実は、これまでの皇帝や皇太子、官僚の関係が変化し始めたことを示しているといえる。

第二章では、魏晋南北朝隋唐時代を通して皇太子が行ってきた釈奠を取り上げ、その釈奠から歯冑という言葉が唐に至って出現したことから、魏から隋、さらに唐の皇太子位の変化について確認した。釈奠は魏から唐まで行われ、魏晋は皇太子もしくは幼年皇帝が行い、南朝・唐では皇太子が行うものであった。また『大唐開元礼』の釈奠礼を見ると、皇太子が先聖・先師に対して弟子となる礼を視覚化したもので、皇太子にとっては入学の礼であった。だが、唐代になると、釈奠と同じ意味を持つ歯冑という記載が見られるようになる。歯冑とは、本来後継たる者（冑子）たちが学に入る際に、それぞれの身分ではなく年齢によって序列が決まること（歯）を示す礼であった。釈奠と歯冑は同じ意味として史料上にみえるが、本来歯冑は釈奠の中の一部の礼に過ぎない。それが釈奠と同意義になったということは、釈奠の中で、歯冑が非常に重視されたことを示唆している。唐代は他の王朝と比べて皇太子の廃立が多く、不安定な地位であった。そのため百官や諸皇子の前で釈奠をすることで、皇太子自身が他の皇子よりも後継者にふさわしいことを天下に示す必要があった。そこで利用されたのが、釈奠に含まれる歯冑という考え方である。歯冑は長幼の序を尊ぶということを表しており、これが皇帝にとっても重要な要素であったのである。

第三章では、唐代において頻繁に見られる皇太子号・皇帝号の追贈について検討した。唐代以前は、皇太子号の追贈は名誉回復によるもので、生前に立太子されていない皇子に対して皇太子号を追贈されることはなかった。まして、皇帝に即位したことがない者が皇帝号を追贈されることもなかったのである。しかし、高宗が皇太子であった李弘に皇帝号を追贈し、玄宗が「友于」によって、兄弟に対して皇太子号・皇帝号の追贈を行ったことで、皇子への追贈が次第に増加していった。

粛宗の時代には、自分の子の夭折を哀れみ、皇太子号を追贈し、続いて代宗が即位すると、弟が安史の乱において功績があったことから、皇帝号を追贈している。また、代宗は自分の子に対しても功績によって皇太子号を追贈している。

唐代では、皇帝の寵愛を受けていたり、功績を立てた皇子は、一般的な皇子と区別するためにも、三公や王爵よりも高い位が求められた。それが皇太子号である。そして、皇帝号は皇太子号でも不足であるとされた皇子に追贈された。つまり、三公・王爵などの正第一品の官爵→皇太子号→皇帝号という序列が見て取れるのである。そもそも皇太子位は、継承者を示すものであって、皇太子→皇帝という序列はあっても、正第一品の官爵の上位に位置するものではないはずである。それが正第一品の官爵の上に位置するということになれば、皇太子位が官爵的なものとして認識されていたことを意味するのである。

第四章では、皇太子号の追贈と同時に設置された太子廟について考察した。この太子廟は唐代特有のもので、唐代末まで太子廟祭祀が続けられた。玄宗の時代に太子廟祭祀を子孫が私廟として行うのか、国家祭祀として行うのか議論され、最終的に国家祭祀として祀られることになった。粛宗から一時行われなくなるが、徳宗の時代になり、再び行われるようになる。その後、憲宗期に祭祀は行われなくなるが、文宗の時代では、三つの太子廟が新たに設置され、再び祭祀が行われるようになる。これら太子廟に祀られた多くは、皇帝の兄弟であった。唐代では玄武門の変が最初期に起こったように、皇位継承問題がしばしば起こっている。中でも玄宗と文宗は三つ以上の太子廟を建てており、他の皇帝と比べても太子廟を積極的に建て、祭祀を行っているが、彼らはともに嫡長子ではないにもかかわらず、皇帝に即位している。そのため、彼らは特に自身の継承権を誇示する必要があった。それが別廟の太子廟建設とそれに伴う祭祀である。皇帝の祖先を祀る正統性のある太廟の他に太子廟を祀ることで、彼らの兄弟が永久に太廟に祀られない、正統ではないことを明確に天下に示したのである。またそれと同時に、兄弟との関係の良さは悌として評価されるものである。従って、太子廟によって兄弟を手厚く祀ることは、自身の孝悌を大いにアピールできるものであった。

第五章では、皇位継承における皇太子監国について検討した。太子監国については、古くは『春秋左氏伝』にも記載されており、そこでは君主がいない場合に、後継者たる太子が都を守るものであることが記されている。しかし、「監国」の記載がみられるようになるのは南北朝時代であり、それ以前にはみられない。南北朝時代についての監国についても具体的な内容は明確ではないが、皇帝が都を離れていたり、病気などの理由で政務につけないときにおこなわれている。それぞれの王朝によって詳細は異なるが、いずれにせよ南北朝時代という戦乱の時代のなかで、皇帝が都を離れることが多く、それにしたがって皇太子の監国が増加し、皇太子監国制度が形成されていった。唐代という泰平の時代になると、皇太子監国は次第に変化していく。厳密には監国でないとはいえ、高祖が政事教育として皇太子であった李建成に対してある程度の権限を与えたり、太宗は皇太子に監国させることで、皇太子の「風采」を天下に知らしめ、また睿宗は監国させることで君臣の関係を明確に定めている。このような変化の中で、次第に皇太子監国は皇位継承と結びつき、「監国」と同じ意味として「勾当」という記載もみられるようになってくる。これまでの「監国」では、皇太子が東宮官を中心に相まみえるものであったが、「勾当」では皇太子に限定されることなく、皇位継承者と百官とが相まみえるものであった。唐代後半期になると、宦官らはこの性質を活かし、半強制的に皇帝を決めることができたのである。

何度も言及しているように、両漢では皇帝自身やその一族、皇后、外戚、宦官などの皇帝の周囲の関係によって後継者は決められ、官僚がこれについて容喙することはあまりなかった。例えば、前漢の武帝が立太子される前には、皇太子として栄が即位していた。しかし栄を生んだ栗姫が長公主嫖の女と皇太子栄の縁談を断ったため、長公主が怒って栗姫を讒言した。それによって皇太子栄は廃位され、武帝が立太子されたのである。また、宣帝は子の元帝と政治の方針が異なっていた。それゆえに宣帝は淮陽王を愛したが、皇后である許氏は、宣帝が民間にいた頃から連れ添った妻であったため、許氏を思いやって、皇太子を変えることはなかった。後漢になると、皇后や皇太后、宦官などによって後継者は決められるようになっていく。このように、漢代では後継者決定の際には、皇后・外戚・宦官などの皇帝の側近の影響力が強かったといえる。ところが魏晋以降、皇位継承をめぐる争いが目立つようになっている。三国時代において特に曹操・孫権は後継者問題に対して頭を悩ませていた。呉では皇太子孫和と弟の孫覇の派閥争いが勃発し、その派閥同士が争うことを恐れ、結果的に皇太子は廃され、孫覇には死を賜うという処置に至った。魏についても曹丕と曹植との派閥争いが起こり、曹丕が曹操の後を継ぐことになるが、その結果、曹植の側近は誅殺されることとなる。つまり後継者問題が一族の問題だけでなく、政権に関わる官僚たちの意見や輿論を踏まえる必要が出てきたのである。

その中で皇太子がおこなう釈奠が魏晋南北朝時代において重視されるようになる。釈奠は皇太子自身が後継者たり得ることを百官の前で示すものであるからである。釈奠は皇太子にとって官僚たちの輿論の支持を得るための重要な儀礼であったといえる。また南北朝という混乱期により、皇太子の能力がより重視されるようになってくる。これは第二章でも言及したように、岡部毅史氏が述べている通りである。

唐代になると、李世民が建国の勲功があるにもかかわらず皇太子になれなかったことで、玄武門の変により皇太子であった兄を殺害したことからわかるように、皇太子には後継者たり得る能力と功績が重視されるようになっている。魏晋以来の輿論の重視によって求められるようになった皇太子の能力と功績、それが明確に顕在化したのが、皇太子監国である。皇太子監国はいわば皇太子の試用期間であるとともに、皇位継承においては、百官を皇太子に謁見させることで君臣関係を明確にし、認めさせるためのものだったのである。

このような皇太子位の変化は、当然皇帝位にも影響を及ぼすこととなる。それによって皇帝自身もより自身の能力を誇示する必要が出てきた。そこで取り上げられたのが、太子廟などの儀礼である。皇帝はより厳密に、さらには多くの儀礼を行い、それによって自身が皇帝たるにふさわしいことを示す必要があったのである。

このように、従来は嫡長子が皇太子になるための一般的な条件であったのが、魏晋時代の輿論重視によって、次第に能力や実績が重んじられるようになったのである。それは結果的に、功績の有無や能力の優劣が皇太子位や皇帝位への即位を左右することになっていくのである。

皇帝とは、唯一無二の存在であり、皇太子とはその皇帝の子である。そのため、皇帝の後継者たる皇太子の地位について、一般的に臣下たちが軽々しく触れることはできず、前漢では基本的に皇帝の一存によって決められていた。しかし、魏晋南北朝時代になっていくと、名声ある士大夫らの隆盛もあり、次第に皇帝は彼らの意見を無視できなくなっていく。それが唐代になると、名声ある士大夫や官僚たちも認めるような、後継者たり得る能力が必要となっていくのである。それによって、実質的に官爵と変わらない状況が生じるようになっていったといえる。

それを表すかのように、唐代では興味深い史料がいくつか残されている。最後にその史料を二点紹介したい。

『資治通鑑』巻二一八、粛宗至徳元載の条には、

上は倓を以て天下兵馬元帥と為し、諸将を統べ東征せしめんと欲す。李泌曰く、「建寧（倓）誠に元帥の才あり。然れども広平（後の代宗）、兄なり。若し建寧功成せば、豈に広平をして呉太伯と為さしむべけんや。」と。上曰く、「広平、冢嗣なり。何ぞ必ず元帥を以て重きと為さんや。」と。泌曰く、「広平未だ東宮に正位せず。今天下艱難にして、衆心の属する所、元帥に在り。若し建寧大功既に成せば、陛下以て儲副と為さざらんと欲すと雖も、同に功を立つる者は其れ肯えて已めんや。太宗・上皇、即ち其の事なり。」

と。上乃ち広平王俶を以て天下兵馬元帥と為し、諸将皆な属するを以てす。

上欲以俶爲天下兵馬元帥、使統諸將東征。李泌曰、「建寧誠元帥才。然廣平、兄也。若建寧功成、豈可使廣平爲呉太伯乎。」上曰、「廣平、冢嗣也。何必以元帥爲重。」泌曰、「廣平未正位東宮。今天下艱難、衆心所屬、在於元帥。若建寧大功既成、陛下雖欲不以爲儲副、同立功者其肯已乎。太宗・上皇、卽其事也。」上乃以廣平王俶爲天下兵馬元帥、諸將皆以屬焉。

とある。この当時、唐は安史の乱の真っ最中であり、粛宗が皇帝に即位したばかりであった。安史の乱を鎮圧するため、粛宗は、まず建寧王倓を天下兵馬元帥に任命しようとした。しかし、建寧王は粛宗の第三子で、粛宗の長子は広平王、つまり後の代宗であった。側近の李泌は、建寧王を天下兵馬元帥にして、功績を立てれば、長子で後継者たるべき広平王（代宗）の地位が危うくなることを恐れ、元帥の才がある建寧王ではなく、長子で将来皇太子になるべき広平王に天下兵馬元帥とすることを進言したのである。そして結果的に、広平王は安史の乱で活躍し、この二年後の乾元元（七五八）年に立太子され、粛宗の崩御後に皇帝へと即位することになるのである。ここでも問題となったのは、皇帝の意向だけでなく、後継者の功績が重視されていることがわかる。

もう一点は、『旧唐書』巻二十、昭宗紀である。

（劉）季述は即ち百官の合同状を出し、曰く、「陛下倦みて宝位に臨む。中外の群情は、太子監国を願う。請うらくは陛下　東宮に頤養せんことを。」と。帝曰く、「吾昨《きのう》卿等と歓飲し、太だ過ちあるを覚えず。何ぞ此れに至らんや。」と。皇后曰く、「聖人　他の軍容に依りて語れ。」と。即ち御前に国宝を取りて季述に付《さず》け、即時帝と皇后と共に輦を一にし、并びに常に侍従する所の十余の内人と東宮に赴く。入りて後、季述は手づから自ら院門を扃鎖し、日　窗中に食器を通ず。是の日、皇太子を迎え監国せしめ、矯宣して昭宗は命じて上皇と称せしむ。甲午、上皇の制を宣し、太子　皇帝位に登る。

季述卽出百官合同狀、曰、「陛下倦臨寶位。中外羣情、願太子監國。請陛下頤養於東宮。」帝曰、「吾昨與卿等歡飲、不覺太過。何至此耶。」皇后曰、「聖人依他軍容語。」卽於御前取國寶付季述、卽時帝與皇后共一輦、幷常所侍從十餘內人赴東宮。入後、季述手自扃鎖院門、日於窗中通食器。是日、迎皇太子監國、矯宣昭宗命稱上皇。甲午、宣上皇制、太子登皇帝位。

とあり、宦官の劉季述は百官の合同状を昭宗に提出し、皇太子に監国をさせることを要求している。そしてそれによって、昭宗は上皇となり、皇太子は監国を経て皇帝に即位するのである。これは政変であるため、通常ではあり得ない事態ではあるが、「百官の合同状」なるものが、皇帝が譲位するきっかけとなり得たのは、百官の輿論が重視されたことによって、治世者としての能力や功績がより尊重されるようになり、最終的に皇太子位・皇帝位が官爵の一部として組み込まれていくことになったことを示唆しているといえる。

　これまで、皇太子は皇帝によって簡単に廃位されたりすることから、皇帝の感情の問題と矮小化され、研究の俎上にのることはあまりなかった。しかし、考察してみると皇太子の廃位は皇帝の一存では次第に決められなくなっていき、皇太子たり得る条件が、必要になってきたことがわかるのである。

　魏晋南北朝隋唐時代という長い期間を経て、皇太子位・皇帝位は官爵化していった。さらに五代十国時代を経て、宋代になるとそれがさらに洗練され、中央集権化もあいまって、官僚士大夫の議論について最終的に決裁するだけの皇帝制度、いわゆる君主独裁制が形成されることになるのであろう。宋代における皇帝制度は、魏晋南北朝から隋唐にかけて、次第に醸成されていったといえるだろう。

主な引用史料一覧

典籍史料

『礼記』、『尚書』、『春秋左氏伝』、『孝経』……いずれも『十三経注疏』（芸文印書館、一九七三年）所収のテキストに拠る。
「二十四史」……中華書局本
『南斉書』（修訂版）……中華書局、二〇一七年
『魏書』（修訂版）……中華書局、二〇一七年
『通典』……中華書局、一九八八年
『大唐六典』……広池学園事業部、一九七三年
『大唐開元礼』……汲古書院、一九七二年
『初学記』……中華書局、一九六二年
『説文解字注』……中華書局、二〇一三年
『六臣注文選』……中華書局、一九八七年
『宋史全文』……中華書局、二〇一六年
『冊府元亀』……中華書局、一九六〇年。『宋本冊府元亀』（中華書局、一九八九年）及び内閣文庫本により校勘。
『唐大詔令集』……商務印書館、一九五九年
『白虎通徳論』……商務印書館、一九一九年〜一九二二年（四部叢刊本）
『廿二史箚記』……中華書局、一九八四年
『資治通鑑』……中華書局、一九七六年
『唐会要』……上海古籍出版社、一九九一年
『文苑英華』……中華書局、一九六六年

あとがき

本書は、二〇一九年三月に、京都大学大学院人間・環境学研究科に提出し、学位を授与された博士論文に加筆・訂正を加えたものである。以下に各章の初出をあげる。

序　章　書き下ろし
第一章「西晋の太子師傅」（『歴史文化社会論講座紀要』十六、二〇一九年）
第二章「釈奠と歯冑の礼―中国中世の皇太子と儀礼―」（『歴史文化社会論講座紀要』十四、二〇一七年）
第三章「唐大における皇太子号と皇帝号の追贈」（『集刊東洋学』一二〇、二〇一九年）
第四章「唐代における太子廟」（第六三回国際東方学者会議（日本教育会館）口頭発表、二〇一八年）
第五章「皇太子監国的確立与変遷」（第六届歴史与考古青年学者交流会（安徽師範大学）口頭発表、二〇一九年）
終　章　書き下ろし

本書の刊行には、令和二年度京都大学総長裁量経費人文・社会系若手研究者出版助成を受けることができた。ここに記して感謝の意を表する。また本書を編集してくださった國方栄二氏、巻末の中文提要をお願いした梁辰雪氏にもあわせて御礼申し上げる。

そもそも私が最初に興味を持ったのは、序論でも述べたように、東宮官である。皇太子自身よりも、具体的な役割が何なのかよくわからない東宮官に惹かれたのだった。そして、東宮官を調べていくうちに、次第に皇太子にも興味をそそられていった。

しかし、博士後期課程に進んでも、私は論文を一本も書けなかった。皇太子や東宮官についての具体的なテーマが見つからなかったのである。ある日の研究発表で、私は博士前期課程のテーマを延長したような発表をしたときだった。たまたま参加していた関西学院大学の佐藤達郎先生が「釈奠」についてのコメントをしてくださった。無知な私は初めてその時に釈奠の存在を知り、その日から釈奠という儀礼について調べていき、ようやく一本の論文を書くことができた。当時博士後期課程も二年目になり、この年に論文を書けなければ、大学院をやめて就職しようと考えていたので、ようやく論文を一本書けたことは何よりの支えとなった。佐藤先生にはここで改めて御礼申し上げたい。

非才である私が、本書を刊行できたのは、まさしく多くの人との出会いからである。大学のことは何もわからないまま、ただ中国史を研究したいという思いで、神戸学院大学に入学し、そこでまだ赴任したばかりの大原良通先生のご指導を受けることができた。研究を続け、大学院にも進学したい旨を相談したところ、こころよく相談にのってくださり、また、授業以外の時間に訓読の指導や、研究に関する様々な話も教えて下さった。私の研究者としての基盤はここで作られたのだと思う。

神戸学院大学を卒業後、大原先生の勧めで徳島大学に進学し、葭森健介先生のご指導を仰ぐことになった。当時、葭森先生のもとには魏晋南北朝史を学ぶ学生はおらず、幸いなことに毎週一対一でゼミを受けることができた。私が先生に何か質問をすると、葭森先生は魏晋南北朝史だけでなく、中国史全体に及ぶ幅広い視点から指導してくださり、二時間や三時間以上も授業をしてくださった。私は、その情報の豊富さに溺れながらも、毎週ひたすらメモをとったものだった。実践はまだまだできていないが、研究をする際に、広い視野で物事をみるということを意識するよう教えてくださったのが、葭森先生だった。

あれは谷川道雄先生を中心としたシンポジウム後の懇親会だったと記憶しているが、そこで葭森先生から紹介され、博士後期課程の指導教員である辻正博先生と初めてお会いしたのだった。辻先生から六朝史研究会についてのお話を聞き、毎月できうる限り参加している。神戸学院大学や徳島大学ではいなかった、魏晋南北朝史を研究する先輩や同期に出会えたのもここだった。六朝史研究会で知り合えた先輩や後輩などからも様々な知識を得、さらには現在においても深い繋がりがあることに深く感謝したい。

このような繋がりのなかで、博士前期課程を修了した後、京都大学の人間・環境学研究科に進学し、辻先生に師事するようになった。辻先生のゼミでは、一時間程度の発表をすると、二・三時間もの質問やアドバイスを先生から直接頂けた。このゼミでの先生からのアドバイスが、本書の基礎となっているのはいうまでもない。大学を卒業してからもゼミに参加させて頂きたいと思いながら、仕事の忙しさから実現できていないことが残念である。また、辻先生には、論文指導や中国史に関することだけでなく、私生活にも及ぶ様々な点において現在に至るまで指導・アドバイスを頂いており、感謝してもしきれない。

私は学部、博士前期課程・後期課程とそれぞれ異なる大学に進学し、煩雑な書類などの雑務により、大原先生、葭森先生、辻先生には多くのご負担をおかけしたことと思う。また、学問や私事においても無知な私は、現在でも先生方に多大なご迷惑をおかけしていると思う。ここに改めて御礼申し上げたい。

また箸にも棒にもかからなった私がなんとか現在でも研究を続けられているのは、お世話になった先生方はもちろんのこと、六朝史研究会で知り合ったメンバーにも指導・刺激を受けることができたからである。感謝申し上げる。

最後に、研究をやめて就職しようかと悩んでいた時も、いつも応援してくれた妻・実沙季、育児に追われながらも、私のことを気にかけてくれる姉の美穂・早苗、また大学で中国史を研究すること、さらに留学・進学に関しても、反対することなく、常に援助・応援してくれる父・稔と母・昌代に本書を捧げたい。

二〇二〇年十二月

千田　豊

索　引

【あ】
哀栄　43, 97, 102, 109, 186
哀太子(蕭大器)　110
哀帝(唐)　173
荒木敏夫　13
安史の乱　56, 58, 96-102, 184, 189
安禄山　93
家永三郎　13
韋后　76, 118, 140, 144
懿宗(唐)　173
懿徳太子　108, 116-119, 121, 139-140, 145, 147
隠太子(李建成)　6, 54, 58, 90, 108, 116-119, 121, 127, 129, 133-134, 139, 145-146, 163, 186
衛瓘　24, 26-28, 30-31, 34, 41
江川式部　130, 146, 148
睿宗(唐)　73, 76, 84-85, 89, 91-92, 104, 108, 110-111, 118, 120-121, 137-140, 144-145, 147, 163, 166, 186
大庭脩　3, 12, 21, 41
王渾　36
王戎　24, 34-36, 42
尾形勇　7-8, 13
岡部毅史　9, 13, 77, 152, 164-156, 177-178, 187
岡安勇　52, 77

【か】
懐懿太子(李湊)　108, 131-135, 145
恭哀太子(李倚)　108
蓋金偉　65, 78
賈皇后(賈南風)　6, 31, 84, 146
賈充　22-23, 26, 28-29, 31, 41
郭鋒　177
夏侯和　29, 41
何劭　23-24, 32, 34-35, 42, 54, 68
何承天　68
何曾　34, 42
金子修一　8, 13, 146
華表　26-28, 34, 41
華廙　23-25, 32
監国　5, 12, 73, 75, 78, 84, 151-170, 172-180, 185-187, 189-190
顔真卿　124
簡文帝　53-54, 73, 78, 155-156
甘露の変　136, 143
僖宗(唐)　173, 180
仇士良　171-172
恭懿太子(李佋)　95-97, 102, 108, 126, 145, 147
魚弘志　171-172
窪添慶文　177
熊本崇　8-9, 13
孔穎達　57, 65-66
恵昭太子(李寧)　108, 126-130, 133-136, 145
恵宣太子(李業)　100, 108, 110, 120-121, 133-134, 145
敬宗(唐)　126-127, 129-132, 136, 144, 170-171, 179
恵荘太子(李撝)　88, 108, 110, 120, 145
恵帝(司馬衷)　6, 18-21, 23-24, 26-27, 30-34, 36, 39-40, 42, 50-51, 84, 183
恵文太子(李範)　89, 91, 100, 108, 110-111, 120, 145
景穆帝(北魏)　157-158
喬鳳岐　85, 110
憲宗(唐)　108, 125-127, 129, 137, 145, 168-

171, 185
玄宗(李隆基)　54, 57–59, 64, 73–74, 76, 86–89, 91–95, 104–105, 107–110, 120, 122, 136–137, 139, 142–145, 147, 166, 185
元帝(東晋)　50, 146
元帝(前漢)　43, 186
玄武門の変　6, 90, 117, 137, 142–144, 185, 187
絳王悟　170–171
孝敬皇帝(李弘)　54, 58, 85–87, 108, 110, 118, 138–140, 145–147, 179, 184
皇嗣　3–4
後主　53–54, 63
高士廉　174
高祖(隋)　58, 160
高祖(唐)　48, 56–58, 103–104, 162–164, 176, 186
高宗(唐)　6, 54, 58, 84, 86–87, 94, 103–106, 108–109, 118, 138, 145, 147, 162, 164–165, 179, 184
孝悌　140–144, 148, 185
皇帝廟　123, 137–140, 147
古勝隆一　65, 77–78
高明士　58, 76–77, 146
呉興王胤(陳胤)　53–54, 63
呉質　37, 42
講経　51, 55–56, 59
高貴郷公　63, 77
皇太子号　11–12, 83, 85–86, 88–89, 92–95, 97, 99–111, 115–118, 131–132, 136, 139–140, 143, 184–185
皇太孫　10, 79, 118, 147
皇太叔　3, 6, 10, 12, 173, 179
皇太女　4, 6, 12
皇太弟　9–10, 79, 99, 171–172, 180
皇帝号　85–88, 92, 94–95, 99–100, 102–109, 111, 115–116, 123, 139, 184–185
勾当　12, 164, 168–177, 179–180, 186
高百年　54
孝武帝(北魏)　54–55
孝武帝(東晋)　50
孝武帝(劉宋)　178
孝明帝(粛宗)　53–55, 63
顧譚　38, 43
呉麗娯　111

【さ】

崔光　55, 77
齊藤幸子　17, 40
佐藤和彦　9, 13
山濤　26–28
諡号　85–86, 145
歯冑　11, 48, 58, 64–69, 71–74, 76, 78, 183, 184
侍中　21–23, 27–28, 32, 33
司馬懿(宣帝)　30, 37
司馬師(景帝)　27, 29–30
司馬昭(文帝)　29–30
司馬泰　24, 35
司馬略　24, 34–35
任愷　22–23, 26–28
謝景　38, 43
朱溢　77, 146
粛宗(唐)　77, 94–98, 101–102, 105–106, 108–109, 111, 124, 137, 142, 145, 147–148, 166–167, 180, 184–185, 189
祝総斌　41
朱鑠　37, 42
荀顗　21–22, 26–27
順宗(唐)　101, 125, 143, 168–170, 174, 179
譲位　5–6, 87, 151, 190
章懐太子(李賢)　84–85, 108, 116–119, 133–134, 139–140, 145–146, 179
昭靖太子(李邈)　108, 100, 102, 125
昭宗(唐)　101, 108, 151, 173, 189–190
章帝(後漢)　18
譲皇帝(李憲/李成器)　75–76, 89, 91–92, 95, 99, 102, 108–109, 111, 123, 138–139, 143, 145, 147–148
尚書　43

尚書僕射　21, 28
尚書令　24-25, 28, 41
承天皇帝(李倓)　98-100, 102, 107-108, 111, 127, 145, 188-189
昭明太子(蕭統)　53-54, 62, 78, 110, 155-156
諸葛恪　37-38, 43
徐孝克　62-63
汝南王亮　26, 28
徐勉　52
靖懐太子(李漢)　108, 135-136
靖恭太子(李琬)　93-94, 108, 127, 130, 133-134, 145
斉王(曹芳)　51
斉王攸(司馬攸)　19-20, 26-31, 36, 39, 41
成帝(東晋)　50
石鑑　26
釈奠　8, 11, 47-59, 61-63, 65, 67-69, 71-79, 124, 144, 183-184, 187
節愍太子(李重俊)　72, 78, 108, 116-119, 133-134, 139, 140, 145, 147
先師　47, 49, 51-52, 55-56, 59-62, 65, 184
先聖　47, 49, 51, 55-56, 59-62, 65, 73-74, 184
宣宗(唐)　9, 101, 108, 134-136, 173, 179-180
宣帝(前漢)　43, 186
宣帝(北周)　54, 159, 179
前廃帝(劉宋)　153
荘恪太子(李永)　108, 132-136, 145, 171-172
曹植　39, 187
曹操　39, 187
曹丕(文帝)　37, 39, 42, 187
曹文柱　177
束脩　61-62
則天武后　4, 6, 84-86, 104, 118, 138-140, 144, 147, 166, 179
蘇佐明　170-171
孫暁晨　177
孫権　37-39, 187
孫登　37-38
孫覇　39, 187
孫和　39, 187

【た】

太子右庶子　162
太子衛率令　18
太子家令　125
太子左庶子　60-61
太子左右侍衛　60
太子左右率　18
太子師傅　5, 11, 17, 19-26, 31-34, 36-41, 47, 183
太子少師　19, 24-25, 35
太子少傅　17, 19-21, 23-26, 28, 30-31, 35, 40-41
太子少保　19, 24-25, 35
太子庶子　18
太子少詹事　162
太子詹事　18, 20, 40-41
太子太師　19, 24-25, 35, 42
太子太傅　17-29, 31-35, 40-42, 162, 175
太子太保　19, 23-29, 32-35, 41-42
太子中舎人　18
太子中庶子　37, 42
太子廟　12, 115-117, 121-125, 127, 130, 133-134, 136-137, 139-141, 143-144, 146-147, 185, 187
太子賓友(賓客)　25, 34-35, 37-38, 40
太子六傅　34-37
太子率更令　60-61
太上皇　161-162
太祖(北周)　54
太宗(李世民)　6, 48, 56-57, 90, 103-105, 108, 117, 137, 145-146, 162, 174-175, 186-188
太宗(北宋)　9
代宗(唐)　94, 96-102, 105, 107-109, 111, 125, 145, 148, 166-168, 180, 184, 188-189
太廟　12, 110-111, 115, 123-124, 138-140, 144, 146-147, 185
太武帝(北魏)　157-158, 178

多賀秋五郎　58, 76-77
滝川政次郎　177
田中一輝　20, 33, 41-42
段同　118-119
冑子　65-68, 184
中書監　23, 32
中書令　23, 32
中宗(李顕)　4, 54, 58-59, 91, 104-106, 108, 110-111, 118, 137-141, 145, 147, 164-166
陳王成美　171-172
張華　24-25, 34-36
張軍　9, 13, 41, 177
張休　37-38, 43
張玄素　69-70
刁玄　38
張昭　37-38, 43
趙翼　85, 110
陳群　37, 43
陳貞節　116-118, 120, 123, 138, 140
陳表　37-38, 43
追贈　12, 83-90, 92-95, 97, 99, 101-106, 108-111, 115, 121, 123, 131-133, 136-137, 139-140, 143, 184-185
辻正博　154, 178
天下兵馬元帥　100, 188-189
悼懐太子(李普)　108, 131-136, 145
東宮官　3, 5, 9, 11, 17-18, 20, 25, 83, 174-175, 186
徳宗(唐)　94, 101-102, 108, 111, 123-125, 130, 137, 144-145, 168-169, 185
戸崎哲彦　124, 146-147
杜預　66, 74

【な】

中村裕一　177
西嶋定生　7-8, 13

【は】

裴楷　24, 34-36, 42
裴子余　118-119, 140
廃帝(北斉)　158
白弘儒　134-135
潘尼　67-68
范慎　38, 43
八王の乱　10
春名宏昭　13
廟号　87, 147
愍懐太子(司馬遹)　6, 19-20, 24-25, 34-36, 40, 84-85, 146
愍懐太子(蕭方矩)　110
福原啓郎　36, 42
武三思　118
武宗(唐)　9, 171, 173, 179
武帝(司馬炎)　10, 18-24, 26, 28-34, 36-37, 39-41, 50
武帝(前漢)　6, 43, 186
武帝(南梁)　78, 155-156, 179
武帝(北周)　159
文恵太子(蕭長懋)　54, 73, 78, 110, 154
文敬太子(李諒)　101-102, 108, 124-130, 145
文宣帝(北斉)　158
文宗(唐)　101, 108, 130-137, 143-145, 148, 171-172, 179, 185
文帝(劉宋)　31, 43, 50, 153
別廟　12, 115, 137-140, 144, 146, 185
龐駿　9, 13, 41, 177
穆宗(唐)　131-132, 174, 179
穆帝(東晋)　50
保科季子　77-78

【ま】

松浦千春　8-9, 13, 48, 51, 64, 75, 77-79, 151-152, 154, 156-158, 164, 173, 178-180
松本保宣　148
明元帝(北魏)　156-158
明宗　9
明帝(魏)　18, 51

【や】
安田二郎　13, 19, 31, 41-42
弥永貞三　77
矢野主税　41
友于　88-90, 92, 102, 111, 148, 184
楊駿　23, 26, 28, 32-37, 39, 41-42
楊済　24, 34-35, 42
煬帝　160
羊衜　38
楊勇　54, 160
楊珧　26-28, 41

【ら】
頼亮郡　41, 177
李胤　26, 28
李瑛　54, 58, 64, 74
李憙　18, 21, 26
李元吉　6, 90
李承乾　54, 58, 69, 161-162
理宗　73
李琮(靖徳太子/奉天皇帝)　93-95, 99, 108, 111, 127, 145
李泰　162
李重茂(殤皇帝)　92, 108, 140
李重福　165
李泌　99-100, 188-189
李憑　158, 177-178
李林甫　93
劉栄　186
劉雅君　19, 41
劉嘯　41
劉劭　54, 68, 78, 153
劉敦儒　128, 129
戻太子(劉拠)　6, 110
録尚書事(録尚書)　23, 26-29, 32-33, 35, 41-42

【わ】
淮陽王欽　43, 186
和嶠　24, 30, 34-36, 42
渡辺信一郎　142, 148

《唐代的皇太子制度》
中文概要

首先将各章的要旨总结如下。

第一章通过对皇太子老师——太子师傅的历任者进行考察，明确了西晋时期这类官员明显增加的原因。

西晋时期，将许多人任命为太子师傅，是因为太子师父是兼官，其本官更受重视，也即太子师傅是名誉职务。其历任者大都反对拥立皇太子司马衷，或对司马衷作为皇位继承人持消极态度。但他们大都是颇具名望的士大夫，对朝廷有一定影响力，也对舆论有强烈的影响。由于当时的舆论会动摇国家的运作，任命具有高名的士大夫为太子师傅，是希望借此获得舆论的支持。任命对拥立司马衷持消极态度的人为太子师傅，也同样是为了获取舆论支持。

东汉末以来，师与弟子的关系日益密切，因此成为太子师傅也表明和皇太子之间建立了紧密的关联。西晋时期太子师傅的增加，是通过任命有高名的士大夫和实权者为太子师傅，将皇太子受到支持一事告知天下。

在决定继任者一事上，两汉时期主要是皇帝自身及皇帝周围的皇族，皇后，外戚，宦官等进行决策，官僚并没有多大的发言权，但到魏晋时期，官僚也时常参与到关于皇位继承的复杂论争之中。西晋时期太子师父的增加，也表现出皇帝与皇太子，官僚三者之间的关系发生了很大的变化。

第二章中以魏晋南北朝隋唐时期皇太子举行的释奠为探讨对象，唐代的释奠中出现了齿胄一词，由此确认唐代皇太子的地位发生了新的变化。魏晋至唐均举行释奠，魏晋时期由皇太子或幼年皇帝举行，南朝，唐则由皇太子举行。《大唐开元礼》中的释奠礼，将皇太子对先圣，先师行弟子之礼可视化地表现出来，对皇太子而言即是入学礼。但唐时，史料中出现了和释奠意思相同的齿胄的记载。齿胄原本是作为后继者的胄子在入学时，根据年龄（齿）而非身份排序（齿）之礼。齿胄与释奠在史料中表现出了相同的意涵，但齿胄原本只是释奠礼中的一个环节。其与释奠变为同意，说明在释奠礼中，齿胄受到了特别的重视。与其他王朝相比，唐代皇太子屡见废立，地位不稳。因此，在百官和诸皇子前举行释奠，是要向天下展示皇太子比其他皇子更适合做皇位继承人。于是便利用了包含在释奠之中的

齿胄之礼。齿胄表现出了对长幼秩序的尊崇，这对皇帝而言是非常重要的因素。

第三章探讨了唐代频繁出现的皇太子号及皇帝号的追赠问题。唐代以前，皇太子号的追赠均是缘于恢复名誉，从未对生前未被立为太子的皇子追赠皇太子号，更没有过对从未即皇帝位的人追赠皇帝号。但是高宗追赠给曾为太子的李弘以皇帝号，玄宗出于“友于”之情，也对兄弟追赠了皇太子号和皇帝号，这样对皇子的追赠日渐增加。

肃宗时期，出于对自己早夭之子的哀怜追赠其为皇太子，代宗即位后，又因为弟弟在安史之乱中的功绩而为之追赠皇帝号。

在唐代，受到皇帝宠爱，或是建立功绩的皇子，为与一般的皇子进行区别，会有比三公或王爵更高的待遇，那便是皇太子号。在皇太子号还不足以表明其地位的情况下，还会进一步追赠皇帝号。其顺序基本可以理解为三公，王爵等第一品官爵→皇太子号→皇帝号。皇太子位原本是皇位继承者的象征，即使存在皇太子→皇帝这样的序列，并不表示皇太子位高于第一品官爵。但唐代将其至于第一品官爵之上，说明将皇太子位也视为官爵的一种。

第四章中对追赠皇太子号时设立的太子庙进行了考察。太子庙为唐代所特有，对太子庙的祭祀一直持续到唐末。玄宗时期，太子庙交由后人以私庙的形式进行祭祀，经过是否作为国家祭祀的讨论后，还是决定将太子庙纳入国家祭祀之中。肃宗时期太子庙的祭祀一度中断，德宗朝又重新恢复。其后，宪宗朝太子庙的祭祀再次中断，文宗时又设立了三个新的太子庙，祭祀再度恢复。这些太子庙中祭祀的，大都是皇帝的兄弟。有唐一朝，如最初的玄武门之变，皇位继承时而出现问题。其中玄宗和文宗都建立了三个以上的太子庙，较其他皇帝而言，对建立太子庙和举行祭祀都更为积极，这是因为他们并非嫡长子但继承了皇位。因此，他们有强调自己继承权合法性的必要。建立太子庙并举行祭祀，正是其重要方式。在祭祀皇帝祖先，具有正统性的太庙之外，又别立太子庙，是要向天下昭示这些兄弟永远不能在太庙中受到祭祀，并非正统。与此同时，还会被认为与兄弟保有良好关系，受到“悌“的好评。因此，借由太子庙隆重祭祀兄弟，正可以塑造自身孝悌之形象。

第五章中探讨了皇位继承中太子监国家的问题。太子监国最早见于《春秋左氏传》，是指君主不在都城的情况下，由其继任者太子驻守都城。但关于监国的实

例则在南北朝时期才开始出现。南北朝时期，监国的具体内容并不明确，主要在皇帝离开都城，或因病不能处理政务时才会实行。虽然朝代不同监国的细节也有所不同，但南北朝战乱频仍，皇帝经常离开都城，故而皇太子监国也随之增加，逐渐形成了皇太子监国的制度。到了唐代这样承平的时代，皇太子监国也就发生了变化。虽然严格来说并不是太子监国，但高祖作为政事教导的一部分给予了皇太子李建成一定的权利；太宗令皇太子监国，告知天下皇太子的“风采”；睿宗通过监国明确了君臣之别。在这样的变化过程中，皇太子监国逐渐与皇位继承发生了联系，与“监国”有相同含义的“勾当”一词也在史料中出现。此前的“监国”，皇太子主要面对的是东宫官员，而“勾当”则不限于皇太子，是皇位继承者与百官建立关联。到唐代后半期，宦官们活用这一制度，得以半强制性地选定皇帝。

如前所述，两汉时期，皇位继承人是由皇帝自身及皇族，皇后，外戚，宦官等皇帝周围的人来选定的，官僚对此几乎没有发言权。例如西汉武帝在被选为太子之前，皇太子为刘荣。但刘荣生母栗姬因为拒绝了长公主刘嫖之女与刘荣的婚事，长公主怒而向皇帝进栗姬谗言。因此皇太子刘荣被废，武帝被立为太子。又，宣帝与其子元帝的施政方针有所不同。其原因在于宣帝原本喜爱淮阳王，但是皇后许氏是宣帝在民间时期的妻子，念及许氏，宣帝便更换了皇太子。到了东汉时期，皇位的继承人则是由皇后，皇太后，宦官等选定的。在汉代，选定皇位继承人时，皇后，外戚，宦官等皇帝近旁的人有很强的影响力。但是魏晋以后，围绕皇位继承的斗争日益明显。三国时代的曹操和孙权都为继承人的问题而颇为烦恼。吴国的皇太子孙和与弟弟孙霸之间爆发了党派斗争，由于担心两党之间的斗争，最后皇太子被废，孙霸被赐死。魏国则是曹丕和曹植之间的党派斗争，曹丕最终成为了继承人，将曹植身边的人诛杀殆尽。由此可以看出，继承人的人选不再仅仅是一个家族的问题，而同样受到政权中官僚及舆论的影响。

在魏晋南北朝时期，由皇太子举行的释奠受到重视，其原因在于释奠是由作为继任者的皇太子在百官面前举行的。对皇太子而言，这是获得来自官僚舆论支持的重要仪式。在南北朝的混乱时期，皇太子的能力也越发受到重视，也一点已为冈部毅史所指出。

到了唐代，李世民虽有建国之功勋，但未能成为皇太子，于是发动玄武门之变杀害作为皇太子的兄长，由此可知对皇太子而言，最受重视的是其作为后继者的能力和功绩。魏晋以来，由于舆论影响而重视皇太子的能力与功绩，这一点在太子监国中明确地显现了出来。皇太子监国，也即皇太子的试用期，其目的在于通过让百官谒见皇太子以明确君臣关系。

这种在皇太子位上面发生的变化，也对皇帝位发生了影响。由此，皇帝也要夸耀自身能力的必要。关于这点，本书对太子庙等仪礼进行了探讨。皇帝严格地参与更多的仪礼，是因为有必要表现出自身拥有作为皇帝的资质。

以往嫡长子是成为皇太子的基本条件，而到了魏晋时期，由于舆论的影响力日渐增加，于是个人的能力和功绩更为受到重视。最终的结果便是功绩的有无和能力的优劣都会对皇太子位和皇帝位产生影响。这导致了皇太子位和皇帝位在实际上都变得与官爵无甚区别。

唐代有一条史料颇为有趣，正表现出了这种一情况。《旧唐书》卷20《昭宗纪》云："季述即出百官合同状，曰：'陛下倦临宝位，中外群情，愿太子监国，请陛下颐养于东宫。'帝曰：'吾昨与卿等欢饮，不觉太过，何至此耶。'皇后曰：'圣人依他军容语。'即于御前取国宝付季述，即时帝与皇后共一辇，并常所侍从十余内人赴东宫。入后，季述手自扃锁院门，日于窗中通食器。是日，迎皇太子监国，矫宣昭宗命称上皇。甲午，宣上皇制，太子登皇帝位。"

宦官刘季向昭宗提出了百官的合同状，要求皇太子监国。由此，昭宗成为上皇，皇太子历监国后即皇帝位。由于这实为政变，是通常并不可能发生的情况，但"百官合同状"成为皇帝让位的契机，可见由于重视百官的舆论，所以也更加重视统治者的能力和功绩，这表现出了皇太子位和皇帝位最终成为了官爵的一部分。

到了宋代，最终形成了最终裁决官僚士大夫讨论的皇帝制度。宋代的皇帝制度，是在魏晋南北朝至隋唐的发展中逐渐形成的。

著者略歴

千田　豊（せんだ　ゆたか）

一九八九年　兵庫県生まれ

二〇一九年　京都大学大学院人間・環境学研究科共生文明学専攻博士後期課程修了、博士（人間・環境学）。現在、大手前大学非常勤講師・帝塚山学院中学校高等学校非常勤講師。

主要論文

「釈奠と歯冑の礼―中国中世の皇太子と儀礼」（『歴史文化社会論講座紀要』、京都大学大学院人間・環境学研究科歴史文化社会論講座、一四号、二〇一七年）

「唐代における皇太子号と皇帝号の追贈」（『集刊東洋学』、中国文史哲研究会、一二〇号、二〇一九年）

「西晋の太子師傅」（『歴史文化社会論講座紀要』、京都大学人間・環境学研究科歴史文化社会論講座紀要、一六号、二〇一九年）

プリミエ・コレクション　114

唐代《とうだい》の皇太子《こうたいし》制度《せいど》

二〇二一年三月三十一日　初版　第一刷発行

著　者　千《せん》田《だ》　豊《ゆたか》

発行者　末原達郎

発行所　京都大学学術出版会

〒606-8315 京都市左京区吉田近衛町六九京都大学吉田南構内

電話〇七五（七六一）六一八二　FAX〇七五（七六一）六一九〇

URL http://www.kyoto-up.or.jp/

印刷所　亜細亜印刷株式会社

Printed in Japan

定価はカバーに表示してあります

ISBN978-4-8140-0322-8　C3322